知　见

见前所未见

胜天半子

做复杂关系中的明白人

何周重　编著

文化发展出版社
Cultural Development Press
·北京·

图书在版编目（CIP）数据

胜天半子 ：做复杂关系中的明白人 / 何周重编著
. -- 北京 ：文化发展出版社，2024.10（2025.1 重印）
. -- ISBN 978-7-5142-4446-5

Ⅰ. I247.81

中国国家版本馆 CIP 数据核字第 2024JK4773 号

胜天半子 ：做复杂关系中的明白人

编　　著　何周重

责任编辑：刘慧玲　　　　　　　　责任校对：岳智勇
责任印制：邓辉明　　　　　　　　封面设计：创巢视觉
出版发行：文化发展出版社（北京市翠微路 2 号　邮编：100036）
发行电话：010-88275993　010-88275711
网　　址：www.wenhuafazhan.com
经　　销：全国新华书店
印　　刷：金世嘉元（唐山）印务有限公司

开　　本：870mm × 1220mm　1/32
字　　数：155 千字
印　　张：7
版　　次：2024 年 10 月第 1 版
印　　次：2025 年 1 月第 3 次印刷

定　　价：59.80 元
I S B N：978-7-5142-4446-5

◆ 如有印装质量问题，请与我社印制部联系　电话：010-88275720

导 读

以史为鉴可以知兴替，以人为鉴才能够明得失。熟读历史，以史为鉴、以人为鉴，做复杂关系中的那个明白人。

本书根据张居正编撰的古代帝王历史教科书——《帝鉴图说》释评整理而成。关于《帝鉴图说》，当下的解读均遵循从夏到宋的时间顺序。为了便于深入领会原典奥义，笔者推翻原有结构，重新组织为重才、纳谏、明智、仁德、尚学、狂悖、纵欲、短视等八大篇章，从自我认知、情绪管理到个人修养等方面给予策略性的指导。

书中对《帝鉴图说》的释评，不仅从原文出发，更着力于原文当时的历史环境和前后史料，目的是让读者能更清晰地了解这些不同时代的史实背后的相似之处，明白其中的精神内涵，培养积极的人生态度并主动修炼，以在日常生活中更加理性地选择，即使身处复杂的人际关系中，也能不惧不乱、清醒做人。

目录

上篇

圣哲芳规

第一章

第二章

纳谏

第三章

明智

第四章

仁德 93

第五章

尚学 124

下篇

狂愚覆辙

第六章

狂悖 143

第七章

纵欲 172

第八章

短视 184

上篇

圣哲芳规

哲規
聖芳

第一章 重才

重才一

任贤图治

原文

唐史纪：尧命羲和，敬授人时。羲仲居嵎夷，理东作；羲叔居南交，理南为；和仲居昧谷，理西成；和叔居朔方，理朔易。又访四岳，举舜登庸。

张解

唐史上记：帝尧在位，任用贤臣，与图治理。那时贤臣有羲氏兄弟二人、和氏兄弟二人。帝尧着他四个人敬授人时。使羲仲居于东方嵎夷之地，管理春时耕作的事；使羲叔居于南方交趾之地，管理夏时变化的事；使和仲居于西方昧谷之地，管理秋时收成的事；使和叔居于北方幽都之地，管理冬时更易的事。又访问四岳之官，着他荐举天下贤人可用者，于是四岳举帝舜为相。

那时天下贤才，都聚于朝廷之上，百官各举其职。帝尧垂拱无为，而天下自治。盖天下可以一人主之，不可以一人治之。虽以帝尧之圣，后世莫及，然亦必待贤臣而后能成功。《书》曰：“股肱惟人，良臣惟圣。”言股肱具而后成人，良臣众而后成圣，意亦为此。其后帝舜为天子，也跟着帝尧行事，任用九官十二牧，天下太平。乃与群臣作歌以记其盛，曰：“元首明哉，股肱良哉，庶事康哉。”所以古今称尧舜垂衣裳而天下治，斯任贤图治之效也。

释评

本文为《帝鉴图说》上篇第一节，出自《尚书·虞书·尧典》，并见于司马迁《史记》卷一《五帝本纪》，记述尧能任用贤能之人，共同理政，因而天下太平。大意是，唐尧在位时，任命羲氏、和氏兄弟四人负责掌管农事季节时令，让他们慎重地教给当时民众农事的季节。命令羲仲住在嵎夷，按秩序安排好春天耕种的农事；命令羲叔住在南交，有计划地分配夏天的农事；命令和仲住在昧谷，负责安排好秋天收获的农事；命令和叔住在朔方，负责安排好冬天的积蓄储藏，以应付变化。唐尧又向四岳部落首领征询意见，他们共同推荐虞舜做唐尧的继承人。

后世追述，认为唐尧是“圣明君主”，因为他能辨识、招揽贤能的人，让贤能的人各尽其职，来共同治理朝政。而贤能的人因为在尧的手下能各尽其职，所以都愿意归附于尧。贤能的人治理着国家，并不需要尧具体参与和干预。尧这样做，因为他很明白，他可以是最后拿主意做决定的那个人，但他不可能一个人维持国家的运行，他该做的就是招揽贤能的人，合理安排他们，让他们能人尽其才。

尧的一生都在做这样的工作，直到找到合适的接班人舜，并考察舜至其可以接班为止，这正是尧被后世称为“圣人”的原因。而尧的这条“圣人之道”，也许正是张居正想向小万历皇帝传达的吧。

重才二

梦赉良弼

原文

商史纪：高宗恭默思道，梦帝赉良弼，乃以形旁求于天下。说筑傅岩之野，惟肖，爰立作相。命之曰："朝夕纳诲，以辅台德。启乃心，沃朕心。"说总百官，佐成商家中兴之业。

张解

商史上记：商高宗初即帝位，在谅暗之时，恭默不言，想那治天下的道理，于是至诚感动天地。一日梦见上帝赐他一个忠臣辅佐他，醒来就把梦中所见的人，使人画影图形，遍地里去访求。至于傅岩之野，见一个人叫作傅说，在那里筑墙，却与画上的人一般模样。召来与他讲论治道，果然是个贤人，于是就用他做宰相。命他说："你朝夕在我左右，进纳善言，以辅我之德。当开露你的心，不可隐讳，灌溉我的心，使有生发。"傅说既承高宗之命，统领百官，劝高宗从谏、好学、法祖、宪天。高宗能用其言，遂为商家中兴之主。

释评

本文为《帝鉴图说》上篇第十节，出自《尚书·商书·说命》，并见于《史记·殷本纪》，记述商高宗从"梦中"寻得辅佐贤臣的故事。大意是，高宗即位之后，恭谨沉默，苦苦思索中兴商朝的办法。一天夜里，他梦见天帝赏赐给他一位好的辅佐大臣，醒后就让人根据记忆画成图像，按图像到各地去寻找这个人。这时傅说正在傅岩郊外筑墙，由于他非常像图画上的人，于是高宗就提拔他做了宰相，对他说："你早晚在我身边进纳善言，辅助我增进德行。开启你的心，并以之来滋润我的心。"傅说统领朝中百官，辅佐高宗成就了中兴商朝的帝业。

聪明人想在弱小的情况下达到自己的目的，就得会借势。

商高宗武丁所处的时代，实行的是商贵族世爵世禄制，而国家大权又被祭司团体所掌控。在这种情况下，武丁唯有借"天势"，用"帝赉良弼"之说，才能说服不满意此举的贵族官员，这与诸葛亮在隆中说服刘备那一句"此殆天所以资将军"有异曲同工之妙。而故事的另一位主角——想要打破自身桎梏的傅说，借的则是武丁的"人势"。武丁是帝王，只有借助他的势，傅说才能做到"朝为版筑郎，暮登天子堂"。

重才三

任用三杰

原文

汉史纪：高帝置酒洛阳南宫，曰："通侯诸将，试言吾所以有天下者何？项氏之所以失天下者何？"高起、王陵对曰："陛下使人攻城略地，因以与之，与天下同其利；项羽妒贤嫉能，战胜而不与人功，得地而不与人利，此其所以失天下也。"上曰："公知其一，未知其二。夫运筹帷幄之中，决胜千里之外，吾不如子房；镇国家，抚百姓，给馈饷不绝，吾不如萧何；连百万之众，战必胜，攻必取，吾不如韩信。三者皆人杰，吾能用之，此所以取天下者也。项羽有一范增而不能用，此所以为我擒也。"群臣悦服。

张解

西汉史上记：高帝既定天下，置酒宴群臣于洛阳之南宫，因问群臣说："尔通侯诸将等，试说我所以得天下者何故？项羽所以失天下者何故？"高起、王陵二人齐对说："陛下使人攻打城池，略取土地，既得了，就封那有功之人，与天下同其利，因此人人尽力战争，以图功赏，此陛下之所以得天下也；项羽则不然，妒贤嫉能，虽战胜而不录人之功，虽得地而不与人同利，因此人人怨之，不肯替他出力，此项羽之所以失天下也。"高帝说："公等但知其一，未知其二。夫运筹策、定计谋于帷幄之中，而决胜于千里之外，这事我不如张子房；镇守国家，安抚百姓，供给军饷，不至乏绝，这事我不如萧何；统百万之兵，以战则必胜，以攻则必取，这事我不如韩信。张子房、萧何、韩信三人，都是人中的豪杰，我能一一信用他，得此三人之助，此所以取天下者也。项羽只有一个谋臣范增，而每事猜疑，不能信用，是无一人之助矣，此所以终被我擒获者也。"群臣闻高帝之说，无不欣悦敬服。

夫用人者恒有余，自用者恒不足。汉高祖之在当时，若论勇猛善战、地广兵强，不及项羽远甚，而终能胜之者，但以其能用人故耳。故智者为之谋，勇者尽其力，而天下归功焉。汉高祖自谓不如其臣，所以能驾驭一时之雄杰也。

释评

本文为《帝鉴图说》上篇第十五节，出自《史记·高祖本纪》，记述刘邦善用人才的故事。大意是，汉高祖刘邦在洛阳南宫摆设酒宴，说："各位列侯将军，请试着谈谈，我之所以得到天下、项羽之所以失去天下的缘故。"高起、王陵一起回答说："陛下派人攻打城池，夺取后就把城池土地分了，同天下人共同享受利益；而项羽妒贤嫉能，他的将领打了胜仗，却不论功行赏，夺取到土地也不给人家好处，这就是他失去天下的原因。"汉高祖说："你只知其一，不知其二。要说运筹于帷幄之中、决胜千里之外，我不如张子房；镇守国家、安抚百姓、供应粮饷、使运输线路畅通无阻，我不如萧何；统帅百万大军，战必胜，攻必克，我不如韩信。这三个人都是杰出的人才，然而我却能够信任他们，这才是我得天下的原因所在。项羽只有一个范增，还不能放心信任，这就是他最终被我打败的原因。”群臣听后都心悦诚服。

项羽的强体现在处理具体问题上，刘邦的强体现在宏观上、大局上。项羽再厉害，也只是一个人；刘邦个人能力再不堪，但他有韩信、张良、萧何等一众人帮助。

刘邦的朋友圈中，除了三杰以外，还有舍身替死的纪信、夺命狂奔的夏侯婴、鸿门救驾的樊哙、还奉旧主的周勃……他们一个个在史书上留下的浓墨重彩，不仅彰显着自己的能力，也证明了刘邦的眼光和魄力。

重才四

屈尊劳将

原文

汉史纪：文帝时，匈奴大入边。使刘礼屯霸上，徐厉屯棘门，周亚夫屯细柳，以备胡。上自劳军细柳。先驱至，不得入。曰：“天子且至。”军门都尉曰：“军中闻将军令，不闻天子诏。”上乃使使节诏将军：“吾欲入营劳军。”亚夫乃传言开壁门。壁门军士曰：“将军约，军中不得驱驰。”于是天子乃按辔徐行。至中营，亚夫持兵揖，曰：“介胄之士不拜，请以军礼见。”

天子为动，改容式车，使人称谢："皇帝敬劳将军。"成礼而去。既出军门，群臣皆惊。文帝曰："嗟乎！此真将军矣！向者霸上、棘门如儿戏耳，其将固可袭而虏也。至于亚夫，可得而犯邪！"称善者久之。

张解

西汉史上记：文帝时，北匈奴入边为寇。帝拜刘礼、徐厉、周亚夫三人俱为将军，各领兵出京，分布防守。刘礼屯于霸上，徐厉屯于棘门，亚夫屯于细柳。文帝亲自到各营抚劳将士。初到霸上、棘门二营，车驾径入，没些阻挡。末后往细柳营。导驾的前队已到营门，被军士阻住不得入。与他说："圣驾就到，可速开营门。"那军门都尉对说："我军中只知有将军的号令，不知有天子的诏旨。"少间文帝的驾到了，还不开门。文帝乃使人持节召亚夫说："朕要进营劳军。"亚夫才传令开营门接驾。临进门时，守门军士又奏说："将军有令：军中不许驰驱车马。"文帝乃按住车辔，徐徐而行。到中军营，亚夫出迎，手执着兵器，只鞠躬作揖，说道："甲胄在身，不敢跪拜，臣请以军礼参见。"文帝听说，悚然改容，俯身式车，使人传旨致谢亚夫，说："皇帝敬劳将军。"成礼而去。文帝出营门，叹美亚夫说道："这才是真正的将军！恰才见霸上、棘门二营，那样疏略，如儿戏一般。万一有乘虚劫营之事，其将固可掩袭而掳也。至如亚夫这等纪律，可得而轻犯邪！"

尝考古者人君命将，亲推其毂，授之以钺，曰："阃以外，将军主之，不从中制也。"

盖将权不重，则军令不严，士不用命，故穰苴戮齐王之嬖臣，孙武斩吴王之宠姬，而后能使其众，以成大功。观周亚夫之纪律严明，诚为一时名将，然非文帝之圣明，重其权而优其礼，则亚夫将求免罪过之不暇，况望其能折冲而御侮哉！后世人君御将，宜以文帝为法。

释评　本文为《帝鉴图说》上篇第二十三节，出自《汉书·周勃传附子亚夫传》，记述汉文帝降低身份去细柳营慰劳周亚夫及其军士的故事。大意是，汉文帝在位时，匈奴大举入侵边塞。文帝派刘礼带兵驻扎在霸上，徐厉带兵驻扎在棘门，周亚夫带兵驻扎在细柳，用以防备匈奴的侵犯。文帝亲自到细柳去慰劳屯守将士，前导人员来到细柳军营门，不得进入。前导人员说："天子要到这里来了。"军门都尉回答："军队之中只听将军的命令，不听从天子的诏令。"文帝乃派使者拿着符节召告周亚夫说："我要进入军营慰劳将士。"亚夫才传下命令，打开营门。把守营门的士兵说："将军有令，军营中不允许纵马疾行。"于是文帝下令扣紧马缰绳慢慢向前行进。到了营中，亚夫手持兵器，对文帝拱手行礼，说："戎装在身的武士不施叩拜礼，请允许我用军礼相见。"文帝见此状，立即改变态度，手端庄地扶着车轼，派人传旨致谢亚夫，说："皇帝敬劳将军。"按礼仪慰劳军队之后，离开军营。出了营门，文帝感叹："这才是真正的将军！此前霸上、棘门的防务，有如儿戏一般，驻守在那里的将领就可能被偷袭或被俘获。至于周亚夫，又怎能会被偷袭侵犯呢！"汉文帝夸赞了周亚夫好长一段时间。

聪明的人，自会抓住事物的主要矛盾和次要矛盾，俗称"分轻重"。一边是匈奴犯境，一边是将军"慢君"，汉文帝向周亚夫作出妥协是意料之中的事情。但汉文帝的强大体现在被怠慢之后，不仅毫无抱怨之语，还大力赞扬周亚夫的这种行为，并且在匈奴退兵之后提拔周亚夫掌管京师兵权，负责京师的警卫工作，以示信任和褒扬，这就不是一般人所能做到的了。

重才五

蒲轮征贤

原文

汉史纪：武帝雅向儒术，以赵绾为御史大夫、王臧为郎中令。二人荐其师申公。上使使者奉安车蒲轮、束帛加璧迎之。既至，以为太中大夫，舍鲁邸。上问以治道，对曰："为治不在多言，顾力行何如耳。"

张解

西汉史上记：武帝素喜好儒者的学术，因举用当时名儒，以赵绾为御史大夫、王臧为郎中令。赵绾、王臧又荐举他师傅申公，说他的学问更高。武帝闻说，即遣使去征聘他。又闻申公年老，恐其途中受劳，因驾一辆安车去迎接申公；又用蒲草裹了车轮，使其行路软活，坐的自在；又用币帛一束，另加玉璧，以为聘礼。申公感武帝这等尽礼，遂随聘到京。武帝授以太中大夫之职，安置在鲁王府里居住。问他治天下的道理何如，申公对说："为治也不在多言，只是着实行将去便好。"

盖议论多，则心智惑。与其托之空言，不若见诸行事之为有益也。夫天下治乱，系贤人之去留，是以古之明君，以屈己下贤为盛事，而亲枉万乘，以尽礼于衡门韦布之贱者，往往有之。汉兴以来，虽不逮古，而武帝此举，犹庶几古人之意。至于申公力行一言，则又治天下之要道也。

释评

本文为《帝鉴图说》上篇第二十四节，出自《史记·儒林列传》，记述汉武帝征聘贤人、重视儒家学说的故事。大意是，汉武帝非常向往儒家学说，任命赵绾做御史大夫、王臧做郎中令。二人推荐他们的老师申公。于是武帝派使者用安车蒲轮并束帛加璧作为聘礼，去迎接申公。申公到京城后，武帝任命他做太中大夫，让他居住在鲁王的官邸里。武帝向申公询问治理国家的道理，申公回答说："治理国家政事不在于多说话，而在于尽力去实行罢了。"

聪明的人，自会认清形势，并在其中谋取好处、保全自己。申公的聪明在于以下两点：

其一，教育得当。赵绾与王臧做了大官之后，并未忘记自己的老师，而是极力举荐。

其二，认清形势。当武帝询问申公治理国家的道理的时候，申公的回答含蓄而精辟，言外之意是说："我只是长居深山远离朝廷政务的人，哪有什么独到精辟的治国道理可以分享呢？治理天下的道理，圣人已经写在书上，只要尽力去实行就可以了。现在我的弟子们在为圣天子服务，他们已经活学活用圣人的道理，尽力帮助您治理这个国家了。"

申公一席话，既凸显了汉武帝善于任用人才，又赞扬了自己弟子的实干能力，还拔高了自己作为老师的身份，可谓聪明。

重才六

褒奖守令

原文

汉史纪：宣帝时，极重守令。尝以为太守吏民之本，数变易则下不安。民知其将久，不敢欺罔，乃服从其教化。故二千石有治理效，辄以玺书勉励，增秩赐金，或爵至关内侯。公卿缺，则选诸所表，以次用之。是故汉世良吏于是为盛，称中兴焉。

张解

西汉史上记：宣帝选用官员，极重那知府知县两样官。尝说道："各府太守，最是亲民之官，第一要紧。若是到任不久，就转迁去，百姓便不得蒙其恩惠，且迎新送旧，徒见劳扰。必须做得年久，然后民情土俗、百姓甘苦，他都知道，施些恩惠，行些政事，也都晓得头脑；那百姓也欺哄不得，自然顺从他的教化。"所以宣帝时做守相，食二千石俸的，都要久任。若是历任未久，就有功劳，也只降敕书奖励，或就彼加升官级，或赏赐金帛，或赐以关内侯的爵级，仍照旧管事。到做的年岁深了，遇三公九卿有缺，即把向前旌表的好太守不次擢用，如黄霸以颍川太守入为太子太傅，赵广汉以颍川太守入为京兆尹。宣帝之留心守令如此，所以那时做官的，人人勤勉，好官甚多，而天下太平，中兴之美，后世鲜及焉。

夫官惟久任，则上下相安，既便于民；日久超擢，则官不淹滞，亦便于官。此用人保民之善法也。后来科目太繁，额数日增；升转之期，计日可俟；席不暇暖，辄已他迁。视其官如传舍，视百姓如路人而已，其何以治天下哉？

释评

本文为《帝鉴图说》上篇第二十六节，出自《汉书·宣帝纪》及《汉书·循吏传》，记述汉宣帝表彰、重用太守、县令的故事。大意是，汉宣帝在位时，极为重视太守、县令这两级官员。宣帝认为太守是治理民众的根本，如果频繁调换，老百姓便会不安；如果民众知道他将在这里久任，就不敢欺骗他，就会服从他所实施的政教风化。所以当太守等地方官有显著的治民政绩时，可以用加盖皇帝印章的御书加以鼓励，可以增加他的俸禄品级，可以赐金钱，可以给爵位，但地方官照旧管理原地政事。遇到朝廷三公九卿有缺位时，再选拔那些得到褒奖的人，按次加以任用。因此，宣帝一朝，好的地方官众多，那个时期被称为“中兴”。

会团结大多数的人就是聪明人。汉宣帝由庶人登天子位，从法理上来说，其君权非由“天授”而是“人授”。汉宣帝为了维护自己的统治，大兴久任制。久任制这种稳定的吏治，不容易出现追求短期利益的行为，也让官员比较有归属感，因此整个官僚集团紧密团结在汉宣帝的身边，自觉维护其帝位的合法性。

重才七

宾礼故人

原文

汉史纪：光武少与严光同学，及即位，思其贤，令以物色访之。有一男子披羊裘钓齐泽中，帝疑其光，乃备安车玄纁，遣使聘之，三反而后至。车驾即日幸其馆，光卧不起，帝抚光腹曰：“咄咄子陵，不可相助为理也？”光张目熟视曰：“昔唐尧著德，巢父洗耳，士故有志，何至相迫乎！”帝叹息而去。复引光入，论旧故，相对累日。因共偃卧，光以足加帝腹，明日太史奏，客星犯帝座甚急，帝笑曰：“朕与故人严子陵共卧尔。”

张解

东汉史上记：光武少时曾与处士严光同学读书，到后来光武即帝位，严光逃匿不肯见，光武思念他贤，使人按他的模样去各处访求。闻说有一男子披着羊裘钓鱼于齐国之泽中，光武知是严光，乃备安车及玄纁币帛遣使者聘请之，三次往返，然后肯来。到京师，光武车驾即日亲到他下处看他，严光睡着不起，光武直到他床前，以手抚摩其腹，称他的字说："咄咄子陵，不可扶助我为治耶？"严光张目看着光武说道："古时唐尧为天子著德于天下，隐士巢父独临水洗耳，不闻世事，尧也相容，不逼他做官，士人各有志愿，我既不愿出仕，何苦相逼迫乎。"光武知其不可屈，叹息而去。又复引严光入禁中，与他论说往年故旧之情，相对累日，因与他共睡，严光不觉以足加在光武腹上，其忘分如此。明日灵台官奏说，昨夜有一客星犯帝座星甚急，光武笑说："这非干变异，乃朕与故人严子陵共睡耳。"

光武既帝天下，则严光乃草野中之一民耳，光武只为他是贤士，又是故人，遂加三聘之礼，亲屈万乘之尊，任其张目疾言而不以为傲，容其加足于腹而不以为侮，殷勤款曲，不复知有崇卑之分，此其盛德含容为何如哉！所以先儒说光武之量，包乎天地之外，非过美矣。后来东汉二百年，人心风俗皆以节义相高，是光武之尊贤下士，有以感发而兴起之也。

释评

本文为《帝鉴图说》上篇第二十九节，出自《后汉书·逸民列传·严光传》，记述东汉光武帝刘秀即帝位后访求故人严光，而严光拒不受官的故事。大意是，光武帝年少时曾与严光是同学，做皇帝后思念严光之贤，便派人按照他的相貌到各处进行查访。有一个男子披着羊皮袄在齐国泽中钓鱼，光武帝认为他就是严光，准备了贵重的礼物派人去请他，去了三次他才来。光武帝当天即乘车到馆舍看望，严光睡着不起来，光武帝用手摸着他的肚子，大声说："子陵啊！你不能帮助我治理天下吗？"严光睁大了眼睛看了光武很久，说："古时唐尧很有德行，巢父却十分讨厌听尧要让位于他的话，士人本来各有志愿，何必这样强迫呢？"光武叹息而去。后又领严光到皇宫去，叙说往日之情，一连数日。由于共同仰卧睡觉，有一次，严光把脚放在了光武的肚子上。第二天，太史上奏说，有客星侵犯了帝座星的位置。光武帝笑着说："是我与老朋友共同睡觉呢。"

聪明人都懂得尊重他人。

汉光武帝知道自己的同学严光是个人才，派人四处寻找，请他来帮助自己治理国家。严光不愿意在汉光武帝手下做事，拒绝了汉光武帝的聘请，汉光武帝没有强迫，只有尊重和理解，这正是聪明人的做法。

重才八

拒关赐布

原文

汉史纪：光武尝出猎，车驾夜还，上东门侯郅恽拒关不开。上令从者见面于门间，恽曰："火明辽远。"遂不受诏。上乃回，从东中门入。明日，恽上书谏曰："陛下远猎山林，夜以继昼，如社稷宗庙何？"书奏，赐恽布百匹，贬东中门侯为参封尉。

张解

东汉史上记：光武皇帝一日曾出去打猎，偶至夜深方回，那时城门已闭，光武至上东门，有个守门官姓郅名恽，闭门不开，不放车驾进入，光武道他不认得，着左右随从的人，见面于门间，使他识认。郅恽对说："这等夜深，火光辽远，怎么辨得真伪。"终不开门。光武不得已，转从东中门进入回宫。至次日早，郅恽又上书谏说："陛下以万乘之尊，远猎山林，昼日不足，以夜继之，陛下纵自轻，其如社稷宗庙付托之重何，臣诚未见其可也。"书奏，光武深嘉其言，赐布百匹，反将中东门的门官降为参封县尉，以其启闭不严故贬之。

盖皇城门禁最宜严谨，深夜启闭，疑有非常。况天子以万乘之尊，出入尤当戒备，故郅恽之闭关不纳，他岂不认的是光武，盖欲因此以示儆耳。光武是创业之主，素谨周身之防，故于郅恽，不惟不罪，且加赏焉。若如后世寻常之见，则中东门侯必以顺意蒙赏，而郅恽必以忤旨见罪矣。

释评

本文为《帝鉴图说》上篇第三十节，本篇出自《后汉书·郅恽传》，叙述光武帝出猎夜归，门侯郅恽拒不开门，上书谏议，得到赏赐的故事。大意是，光武帝曾经出去打猎，深夜乘车而还，到洛阳上东门，门侯郅恽拒不开门；光武帝命令侍从到门中间见面，郅恽说："夜晚火光辽远，看不清。"不接受命令。光武帝只得走开，转而从东中门进城。第二天，郅恽上书说："皇上远去山林打猎，昼夜不停，把国家祖先置于何地？"书奏之后，光武帝赏赐郅恽一百匹布，降东中门侯为参封县尉。

聪明的人要使人追随，需要尊重规则，特别是自己制定的规则，万不可以自己的好恶来臧否他人，要做到赏罚合乎规矩，才能服众。

汉光武帝外出打猎，深夜才回来，洛阳城按令已经宵禁，上东门侯郅恽拒不开门，东中门侯开门放行。第二天，郅恽上书劝谏汉光武帝，光武帝赏赐了他，东中门侯反而被贬。光武帝这番操作，一是维护了他所制定的法令的威严，承认了自己的错误。二是通过赏罚表明自己的态度：上东门侯郅恽尽职守门有劳，非言官无劝谏之功，所以赏赐了郅恽但并未擢升他，表达了希望官员们尽职尽责的意思；东中门侯深夜放行，有失职之过，但是遵循皇帝的命令，不算触犯法令，所以将其降职留用，不做其他处罚，是为了杜绝其他人逢迎拍马以求上进的心思。

重才九

赏强项令

原文

汉史纪：光武时董宣为洛阳令，湖阳公主苍头杀人，匿主家，及主出，以奴骖乘，宣驻车叩马，以刀划地，大言数主之失，叱奴下车，格杀之。主还诉帝，帝大怒召宣，欲棰之，宣叩头曰："陛下圣德中兴，而纵奴杀人，将何以治天下乎？臣不须棰，请自杀。"即以头击楹。帝令人持之，使宣叩头谢主，宣不从，强使顿之，宣两手据地，终不肯俯。帝敕强项令出，赐钱三十万，京师莫不震慄。

张解

东汉史上记：光武时，有姓董名宣者，做在京洛阳县令，帝姊湖阳公主有家人白日杀人，藏躲在公主家里，官府拿他不得。一日公主出行，此奴在公主车上，董宣于路拦着公主的车，叩着马不放过去，以刀划地，大言数说公主的过失，喝奴下车，亲手击杀之。公主即时还宫，告诉光武，光武大怒，拿得董宣来要打杀他，宣叩头说："陛下圣德中兴，当以法度治天下，若纵奴杀人，不使偿命，是无法度也。家奴犯法尚不能治，将何以治天下乎？臣不须棰杖，请自杀便了。”即以头撞柱，光武见他说得有理，令人持定他，不要他撞柱，只着他与公主叩头谢罪就饶他，宣不肯从，光武强使人将头按下，宣只两手撑定，强直了项，终不肯叩头。光武见他耿直，反因此喜他，传旨着这强项令且出，又赐钱三十万以奖励之。于是京师内外，莫不震慄，无敢倚恃豪强，以犯法者。

书曰：“世禄之家，鲜克由礼。”岂其性与人殊哉！良以习见富势之为尊，不知国法之可畏。而奴仆庄佃之人，倚强使势，生事害人，亦有其主不及知者，若不因事裁抑，示以至公，使之知儆，至于骄盈纵肆，身陷刑宪，则朝廷虽欲从宽，亦不可得矣。光武之嘉赏董宣，意盖以此。故终光武明章之世，贵戚妃主之家，皆知守礼奉法，保其禄位，岂非以贻谋之善哉！

释评

本文为《帝鉴图说》上篇第三十二节，出自《后汉书·董宣传》，记述洛阳令董宣不畏豪强，击杀湖阳公主杀人豪奴的故事。大意是，光武时董宣任洛阳令，湖阳公主的奴仆杀了人，藏在公主家里。一次公主外出时，让这个奴仆陪坐在车上，董宣拦着车马，用刀划地，大声数说公主的过失，命奴仆下车，亲手杀了他。公主回去告诉了皇帝，皇帝大怒，召董宣来，要用杖责打他，董宣叩头说：“陛下大德，中兴汉室，却放纵奴仆杀人，这样怎么能治理天下呢？我不需要你责打，请允许我自杀。”当即用头去撞厅前的柱子。皇帝令人拉住董宣，命令他向公主赔罪。董宣不服从，皇帝便使人强按他的头，即便这样，董宣两手撑地，始终不肯低头。皇帝只得让这硬脖子的洛阳令出去，并赐给他三十万钱。京城内外的人没有不恐惧害怕的，不再敢倚仗权势做违法的事。

汉光武帝本就是注重规矩的人，连自已触犯宵禁都会承认错误，又怎么会容忍他人践踏自己立下的法令呢？只是碍于亲情，不便明说罢了。幸得有董宣这样的贤臣，体察上意，为汉光武帝分忧。

汉光武帝明白事情的前因后果，只是姐姐来闹，需得给她一个说法。所以他抓董宣前来，当着姐姐的面欲施以棰刑，以惩董宣不敬之罪；待董宣说明缘由后，汉光武帝再就坡下驴，让董宣向公主赔罪以化解此事；董宣不低头，汉光武帝不仅不怒，反而放走董宣并赏赐其三十万钱，这态度已经很明白：皇帝因董宣尽职所以赏赐，董宣履职无过！

重才十

君臣鱼水

原文

三国史纪：诸葛亮隐于襄阳隆中，有王霸大略。刘先主闻其名，亲驾顾之，凡三往，乃得见。亮因说先主以拒曹操，取荆州，据巴蜀之策。先主深纳其言，情好日密，关羽、张飞不悦，先主解之曰："孤之有孔明，犹鱼之有水也，愿诸君勿复言。"

张解

三国史上记：诸葛亮初隐居于襄阳之隆中地方，有兴王定霸的才略，不肯出仕，人称他为卧龙。蜀先主刘备闻其名，乃亲自枉驾去见他，凡去三次，才得相见。亮以道自重，本不求仕进，见先王屈尊重道，诚意恳切如此，心怀感激，遂委质为臣，因说先主以拒曹操、取荆州、据巴蜀的计策，先主以这计策甚善，深纳其言，与他相处，情好日益亲密。当时先主有两个结义的兄弟，叫作关羽、张飞，见先主一旦与亮这等亲密，心中不喜，先主劝解说："孤之有孔明，如鱼之有水一般，鱼非水，无以遂其生，我非孔明，无以成帝业，诸君既与我同心要兴复汉室，不可不亲厚此人也。愿诸君勿再以为言。"

夫先主信任孔明，虽平日极相厚如关、张，亦离间他不得如此，故孔明得展其才，结吴拒魏取蜀，当汉祚衰微之时，成三分鼎立之势，其后又于白帝托孤辅佐后主。观其前后出师表，千古读之，使人垂涕。盖其心诚感激先主之恩遇，故鞠躬尽瘁而不辞也。后世称君臣之间相亲相信者，必以鱼水为比，盖本诸此云。

释评

本文为《帝鉴图说》上篇第三十五节，出自《三国志·蜀书·诸葛亮传》，记述刘备三顾茅庐，得诸葛亮如鱼得水的故事。大意是，诸葛亮隐居于襄阳隆中时，有兴王定霸的才略，先主刘备听说他的名声，亲自去见他，去了三次，才见到他。诸葛亮对刘备讲述了抗拒曹操、夺取荆州、进据四川的策略，刘备完全听从他的意见，感情日益亲密，关羽、张飞对此很不高兴，刘备解释说："我有孔明，好像鱼得了水一样，希望你们不要再讲了。"

刘备在武功方面，关、张皆敌万人，于文治上，一直缺乏良才辅佐，因此才会在得到诸葛亮的辅佐后，发出"如鱼得水"的感慨。

对于人才的使用，一定要给予其信任和尊重，这样才能充分发挥人才的作用。刘备信任诸葛亮，是因为诸葛亮为刘备系统分析当前局势，提出"三分天下"的策略之后，刘备有了困龙升天、拨云见日之感。刘备明白诸葛亮对于自己事业的发展有关键性的作用，所以才会信任诸葛亮，在关、张二人对其非难后，对他们进行批评，为诸葛亮在刘备集团施展才能扫清障碍。

重才十一

主明臣直

原文

唐史纪，太宗尝罢朝，怒曰："会须杀此田舍翁。"后问为谁，上曰："魏征每廷辱我。"后退，具朝服，曰："妾闻主明臣直，今魏征直，由陛下之明故也，妾敢不贺。"上乃悦。

张解

唐史上记：太宗曾一日朝罢还宫，忽发怒说："少间定要杀了这个田舍翁（田舍翁即俗话说的庄稼佬）。"时长孙皇后问说："陛下要杀谁？"太宗说："是魏征，此人不知忌讳，每每当着众臣僚攻击我的过失，羞辱我，我十分忍受不得，所以要杀他。"长孙皇后贤德，知道魏征是个忠臣，乃退去，穿了朝贺的袍服，来对太宗说："妾闻古人云，上有明哲之君，则下有耿直之臣，今魏征之直言不阿，由陛下之圣明，能优容之故也，君明臣直，乃千载难逢，国家盛事，妾敢不称贺。"太宗闻皇后之言，其心乃悦。

尝考自古创业守成之令主，虽圣明天挺，然亦有内助焉。观长孙皇后之于唐太宗，虽夏之涂山，周之太姒，无以过之矣。太宗外有忠臣，内有贤后，天下安得不太平。

释评

本文为《帝鉴图说》上篇第四十四节，出自《隋唐嘉话》，并见于《资治通鉴》卷一百九十四唐纪十，记述唐太宗听取长孙皇后的劝谏优容魏征的故事。大意是，一天唐太宗罢朝后，大怒说："我一定要杀这个庄稼佬。"长孙皇后问是谁，太宗说："魏征常常在朝廷上侮辱我。"长孙皇后听后，退下穿上朝服，然后对太宗行礼说："我听说君主圣明臣下便耿直，今魏征耿直，也是由于你圣明，我怎敢不祝贺你呢。"太宗这才高兴了。

再优秀的人也会有愤怒冲昏头脑的时候，而此时身旁人的劝谏就十分重要了。长孙皇后庄重地说出那番话，打开了唐太宗的"被羞辱"心结，让唐太宗明白：魏征敢于直言，是因为陛下圣明和宽容。听明白了这意思，唐太宗不再觉得被羞辱，自然也就转怒为喜了。

重才十二

撤殿营居

原文

唐史纪：太宗以魏征宅无堂，命辍小殿之材以构之，五日而成，仍赐以素屏褥几杖等，以遂其所尚。征上表谢，上手诏曰："处卿至此，盖为黎元与国家，何事过谢。"

张解

唐史上记：太宗时的大臣，只有个魏征能尽忠直谏，太宗也极敬重他，一日闻魏征所住的私宅，止有旁屋，没有厅堂，那时正要盖一所小殿，材料已具，遂命撤去，与魏征起盖厅堂，只五日就完成了。又以征性好俭朴，复赐以素屏褥几杖等物，以遂所好尚。征上表称谢，太宗手诏答曰："朕待卿至此，盖为社稷与百姓计，何过谢焉。”

夫以君之于臣，有能听其言，行其道，而不能致敬尽礼者，则失之薄；亦有待之厚，礼之隆，而不能谏行言听者，则失之虚；又有赏赐及于匪人，而无益于黎元国家者，则失之滥。而人不以为重矣。今观太宗之所以待魏征者，可谓情与文之兼至，固宜征之尽忠图报，而史书之以为美谈也。

释评

本文为《帝鉴图说》上篇第四十七节，出自《旧唐书·魏征传》，并见于《贞观政要》卷二，记述唐太宗爱护臣下的故事。大意是，太宗因为魏征的住宅没有厅堂，命令停止小殿的建造，将建筑材料给魏征修盖厅堂，五天就建成了。魏征崇尚朴素，太宗还赐给他素色的屏风和褥、几、杖等物。魏征上表感谢，太宗亲手下诏说：“这样对待你，是为了老百姓和国家，何必要过分感谢呢。”

与人交往，人情往来是大学问。唐太宗替魏征修缮房屋这件事，既让魏征感到舒适自在，又让他人对其认同。

听从下级的谏言，却不给予下级足够的尊重和优待，这样的领导者薄情，譬如越王勾践对文种；赏赐不分对象，全凭喜好，这样的领导者昏聩，譬如宋徽宗对高俅。类似领导者，既难得到下属的真心辅佐，也容易被对手抓住机会打败。

重才十三

剪须和药

原文

唐史纪：太宗时，李世勣常得暴疾，方云须灰可疗。上剪须为之和药。世勣顿首出血泣谢。上曰："朕为社稷，非为卿也，何谢之有？"

张解

唐史上记：太宗时，有功臣李世勣得个暴病，医方上说用人须烧灰，可治此病。太宗只要世勣的病好，遂将自己的须剪与他合药，世勣病愈，感帝之恩，叩头出血，涕泣而谢。太宗说"朕赖卿以安社稷，卿安则社稷安矣，朕剪须以治卿病，乃是为社稷计，不为卿一人之私也，何谢之有？"

孟子曰："君之视臣如手足，则臣视君如腹心。"太宗忧世勣之病，至亲剪其须以疗之，诚不啻若手足之爱矣。为之臣者安得不竭忠尽力，奋死以图报哉！

释评

本文为《帝鉴图说》上篇第四十九节，出自《旧唐书·李勣传》（李勣即李世勣），并见于《资治通鉴》卷一百九十七唐纪十三，记述唐太宗体恤大臣的故事。大意是，太宗时李世勣得了暴病，医方说胡须的灰可以治疗。太宗便剪了自己的胡须为李世勣配药。李世勣把头磕出血来哭泣着表示感谢，太宗说："我是为了社稷江山，不是为了你个人，有何可感谢的呢。"

唐太宗施恩于魏征（重才十二·撤殿营居）和施恩于李世勣有明显的区别，区别就在于唐太宗施恩的目的。唐太宗施恩魏征时候说：

“处卿至此，盖为黎元与国家，何事过谢。”意思是我如此对你，是为了你能帮助我守护国家和人民，你这样答谢没有必要。

唐太宗施恩李世勣时说：“朕为社稷，非为卿也，何谢之有？”意思是我是为了大唐江山社稷，不是为了你，你没必要谢我。唐太宗这样对待李世勣，不求李世勣对自己感谢，那李世勣该感谢谁？

贞观末年，跟随唐太宗起兵的武将们大多已经离世，更有侯君集造反的事情发生，再加上唐太宗自感时日无多，已立晋王为太子，所以唐太宗对李世勣这样的宿将格外看重。唐太宗听闻李世勣有暴病，不仅亲临探望，更是在知道胡须的灰可以治疗后，剪了自己的胡须为李世勣配药。如此施恩，但不需李世勣感谢，是为了让李世勣记着这份恩情，回报太子李治。

重才十四

委任贤相

原文

唐史纪：玄宗初即位，励精为治，以姚元之为相，每事访之，元之应答如响，同僚皆唯诺而已，故上专委任之。元之尝奏请序进郎吏，上仰视殿屋，再三言之，终不应，元之惧，趋出。罢朝，高力士谏曰：“陛下新总万机，宰臣奏事，当面加可否，奈何一不省察。”上曰：“朕任元之以庶政，大事当奏闻共议，郎吏卑秩，乃以烦朕耶？”会力士宣事至省中，为元之道上语，元之乃喜，闻者皆服上识人君之体。

张解

唐史上记：玄宗即位之初，励精图治，知道姚元之是个贤臣，以他为宰相，每事必访问他，元之素有才能，练达政事，随问随答，如响之应声，同僚官皆不能及，但从后唯诺而已。于是玄宗专意委任之。一日元之面奏，请以次序升转郎官，玄宗不答应他，只仰面看着殿屋，元之又再三奏请，玄宗终不答应，元之只说玄宗怪他，恐有得罪，不敢再奏，趋走而出。及朝罢，内侍高力士谏说："陛下新总万机，宰相奏事，宜面定可否，何故只仰看殿屋，通不礼他？"玄宗说："我将国家的事，都付托与元之，委任至重，惟大事当奏闻，我与他商议。今郎吏小官，也来一一奏请，岂不烦黩耶。"这是玄宗专任宰相的意思，元之却不知，心怀疑惧，适遇高力士以传奉旨意事到中书省中，将玄宗的言语，备悉说与元之。元之心上才喜，群臣闻之，都说玄宗不亲细事，而委任贤相，得为君之体也。

然人主须是真知宰相之贤，乃可以委任责成，不劳而治，若不择其人，而轻授以用舍之柄，将至于威权下移，奸邪得志，其为害又岂浅浅哉。故帝王之德，莫大于知人，而治乱之机，惟视其所任，人主不可不慎也。

释评

本文为《帝鉴图说》上篇第五十三节，出自《资治通鉴》卷二百一十唐纪二十六，记述唐玄宗委任姚崇（字元之）为宰相，信任不疑的故事。大意是，唐玄宗初即位时，振奋精神，治理国家。用姚元之为宰相，每有事时就询问他，元之随即回答，其余同官的人都只有答应顺从，所以玄宗很信任他。元之曾经奏请按程序晋升郎吏，玄宗仰面看着殿屋，元之奏了几次，都没得到回答。元之心里很害怕，连忙快步走出。朝议结束之后，高力士劝谏玄宗说："陛下新近总理国家事务，宰相奏事，应该当面表示可否，为什么一点不审察呢？"玄宗说："我任用元之以诸多政事，大的事应该奏给我听，共同商议，郎吏是低级官吏，还需要麻烦我吗？”高力士到中书省宣布事情时，给元之说了玄宗的话，元之才高兴了。听到的人都心服玄宗明白自己君主的身份。

姚崇为相前，针对时弊，提出十条意见，问玄宗是否同意，同意即可上任，否则只有违抗君命了。这样的人，居然会因为上奏几次没有得到皇帝回应而害怕，姚崇到底害怕什么？

姚崇害怕的是唐玄宗朝令夕改，不能坚定地实施自己为相前提出的十条建议。于是以退为进，不再处理政事，而要等唐玄宗的明确答复。唐玄宗明白姚崇的意思，所以借高力士之口，将想法告知姚崇，以示对姚崇的尊崇。

重才十五

烧梨联句

原文

唐史纪：肃宗召处士李泌于衡山，至，舍之内庭。尝夜坐地炉，烧二梨以赐李泌，颖王恃宠固求，上不许曰：“汝饱食肉，先生绝粒，何争耶？”时诸王请联句。颖王曰：“先生年几许，颜色似童儿。”信王曰：“夜枕九仙骨，朝披一品衣。”一王曰：“不食千钟粟，惟餐两颗梨。”上曰：“天生此间气，助我化无为。”后肃宗恢复两京，泌之策为多。至德宗时拜相，时人方之张子房。

张解

唐史上记：处士李泌有道行，隐居嵩山，曾侍肃宗于东宫，及肃宗即位，遣人各处求访，得之于衡山，既到，待以宾友之礼，就着他在内殿居住，便于谘访。曾一寒夜，肃宗坐地炉，自烧两个梨以赐李泌，颖王年幼，倚着肃宗宠爱，要这烧的梨吃，肃宗不肯与他，说道："你终日饱食肉味，先生休粮绝粒，不吃烟火食，故我以此梨赐之，如何来争。"颖王乃止。此时诸王因请联诗以赠李泌，颖王先倡一联云："先生年几许，颜色似童儿。"说李泌年纪多少，而颜色美好，只如童子一般，此美其有道养形，异于常人也。信王接一联云："夜枕九仙骨，朝披一品衣。"说李泌夜间则枕九仙的骨睡着，昼则穿一品极贵的衣服。此美其以隐逸而兼尊贵也。有一王又接一联云："不食千钟粟，惟餐两个梨。"说李泌固辞相位，不肯受千钟俸禄，惟今夜二梨之赐则受而食之。此美其高尚之志也。于是肃宗凑成末联云："天生此间气，助我化无为。"说李泌非是凡人，乃上天间气所生，以助我成无为之化也。其后肃宗收复两京平安史之乱，李泌之谋策居多。至德宗时为宰相，功业尤著。时人把他比汉时张子房，为神仙宰相也。

夫李泌一山人尔，而肃宗乃呼为先生，称为间气，至烧梨以赐之，此所谓以天子而友匹夫者也。

释评

本文为《帝鉴图说》上篇第五十八节，出自李繁《邺侯家传》，记述唐肃宗礼遇处士李泌烧梨赠诗的故事。大意是，唐肃宗派人到衡山把处士李泌召来，住在皇帝宫廷。肃宗曾在晚上坐于地炉旁，烧了两个梨赐给李泌吃。颖王依仗着肃宗的宠爱要这两个梨。肃宗不给，说："你饱食肉味，先生休粮绝粒，你为什么要争呢？"诸王还共同作诗赠李泌。后来肃宗收复两京，李泌贡献的计策最多。到唐德宗时，李泌官至宰相，当时人把他比作张良。

唐肃宗年轻时，李泌和他以兄弟相称，关系非常要好。在安史之乱中，当唐玄宗西避入蜀时，李泌是太子李亨（后来的唐肃宗）的重要顾问和助手。李泌与唐肃宗的关系超越了单纯的君臣关系，他们既是政治上的合作伙伴，也是生活中的亲密朋友。

重才十六

烛送词臣

原文

宋史纪：苏轼为翰林学士，尝宿禁中，召见便殿，太皇太后问曰："卿今何官？"对曰："待罪翰林。"曰："何以遽至此？"对曰："遭遇太皇太后皇帝陛下。"曰："非也，此先帝意也，先帝每诵卿文章，必叹曰：'奇才奇才。'但未及进用卿耳。"轼不觉哭失声，太皇太后与帝亦泣，左右皆感泣。已而命坐赐茶，撤御前金莲烛送归院。

张解

宋史上记：苏轼在神宗时，被小人排抑，一向贬谪在外，至哲宗登极，才取他做翰林学士。宋朝翰林院设在禁中，每夜有学士一员轮流直宿，以备不时顾问。有一夜遇苏轼该直，哲宗的祖母太皇太后与哲宗同御便殿宣苏轼入见，太皇太后问苏轼："卿如今做什么官？"苏轼对说："待罪翰林学士。"谓之待罪者，说他不称此官，惟待罪责而已，谦词也。太皇太后又问："学士是美官，卿一向流落江湖，怎能勾到此地位？"苏轼乃归恩于上，说道："臣幸遭遇太皇太后及皇帝陛下见知，故得到此耳。"太皇太后说："非我用卿，乃先帝神宗意也。先帝每读卿的奏疏文章，必赞美说，奇才奇才，不久先帝遂晏驾，故未及用卿耳。今我用卿为此官，实承先帝之意也。"苏轼因此追感先帝知遇，不觉痛哭失声。太皇太后与哲宗也相向而泣。那时左右内臣，也都感伤流涕，太皇太后赐苏轼坐，又赐他茶吃，将退时，撤御前的金莲烛送他归院。

看那时人君接见臣下，问答从容，礼数款洽，蔼然如家人父子一般，所以为臣的感激主恩，不觉悲泣。君臣间是何等景象，史称宋家以忠厚立国，又言其竟得尊贤敬士之报，岂不信矣。

释评

本文为《帝鉴图说》上篇第八十一节，出自《宋史·苏轼传》，记述宋哲宗重用苏轼的故事。大意是，苏轼任翰林学士时，一天在宫内值夜班，被召见于便殿，太皇太后问他："你今任何官？"回答说："待罪翰林。"又问："为什么很快能任此官？"回答说："受到太皇太后和皇帝的恩遇。"太皇太后说："不是的，这是先帝的意思。先帝每次读到你的文章，必感叹地说，奇才奇才，还没来得及提拔你罢了。"苏轼不觉失声哭泣，太皇太后和皇帝也哭了。皇帝左右侍候的人也都感动得流泪。太皇太后随即命他坐下并赐茶吃，后取下皇帝面前用的金莲蜡烛送苏轼回翰林院。

宋哲宗继位之时，年仅十岁，主少国疑。太皇太后临朝听政，暂代皇帝总揽大权。出于培养宋哲宗的目的，在临朝听政时大多带着宋哲宗，两人相对而坐，以便她和群臣处理政务时，宋哲宗可以在一旁观察学习。

太皇太后在宋神宗朝就不赞同王安石的变法革新，因苏轼曾反对过王安石变法，故而太皇太后听闻苏轼在宫内值班，便召见苏轼于便殿。

第二章 纳谏

纳谏一

谏鼓谤木

原文

唐史纪：尧置敢谏之鼓，使天下得尽其言；立诽谤之木，使天下得攻其过。

张解

唐史上记：帝尧在位，虚已受言。常恐政事有差谬，人不敢当面直言，特设一面鼓在门外，但有直言敢谏者，着他就击鼓求见，欲天下之人，皆得以尽其言也。又恐自已有过失，人在背后讥议，已不得闻，特立一片木在门外，使人将过失书写在木上，欲天下之人，皆得以攻其过也。

夫圣如帝尧，所行皆尽善尽美，宜无可谏可谤者，而犹惓惓以求言，闻过为务，故下情无所壅而君德日以光。然欲法尧为治，亦不必置鼓立木，徒仿其迹，但能容受直言，不加谴责，言之当理者，时加奖赏以劝励之，则善言日闻，而太平可致矣。

释评 本文为《帝鉴图说》上篇第二节，出自《吕氏春秋·自知》，并见于《淮南子·主术训》。记载帝尧纳谏的故事。大意是，帝尧放置让人敢于前来劝谏的鼓，让天下人都能够说出他们想说的话；竖立一块可以书写他过失内容的木板，让天下的人都能尽情指出他的错误。

帝尧是为君的楷模，君王能做到他这样，就是尽善尽美、无可挑剔的了，而他自己却并不这样认为，总觉得自己还有没能做到的地方，还要想方设法征求百姓的意见，希望大家指出他的过失，以便将国家管理得更好，让百姓生活得更好。在古代，具有这样的品质，才能成为圣明的君主；在今天，具有这样的品质，才能成为真正的强者。

众望所归者能够无往而不胜、无往而不利，不是因为他具有异于常人的地位和力量，而是因为他具有善听人言的心胸和气度。

纳谏二

揭器求言

原文 夏史纪：大禹悬钟、鼓、磬、铎、鼗，以待四方之士，曰："教寡人以道者，击鼓；谕以义者，击钟；告以事者，振铎；语以忧者，击磬；有狱讼者，摇鼗。"

张解 夏史上记：大禹既居帝位，恐自家于道有未明，义有未熟，或事务有不停当处，或有可忧而不知，或狱讼之未断，四方远近的人，无由得尽其言。于是将钟、鼓、磬、铎、鼗五样乐器挂在外面，告谕臣民，说道："有来告寡人以道者，则击鼓；谕以义者，则撞钟；告以事者，则振铎；语以忧者，则敲磬；有狱讼者，则摇鼗。"禹在里面，听见有哪一件声响，便知是哪一项人到，就令他进见尽言。

夫禹是大圣，聪明固以过人，而又能如此访问，则天下事物岂有一件不知，四方民情岂有一毫壅蔽？此禹之所以为大，而有夏之业所由以兴也。

释评

本文为《帝鉴图说》上篇第四节，出自《鬻子》，记述大禹虚心纳谏的故事。大意是，大禹曾悬挂钟、鼓、磬、铎、鼗五种乐器，用这样的方式等待四方的士人前来提出意见。他说："前来教我事理的人，请击鼓；想告诉我怎样做事适宜的人，请敲钟；想告诉我具体事情的人，请振动铎；想要诉说忧虑的人，请击磬；若是来打官司的人，请摇动鼗。"

大禹是圣贤，原本就智慧过人，还能这样虚心求教、广纳善言，百姓和他之间毫无障碍，这就是禹被称为大禹，他所建立的夏朝兴起的原因。

大禹通过悬挂钟、鼓、磬、铎、鼗，以广开言路的办法，来提高修为、治理国家，一方面让我们看到了求言的重要性，另一方面也让我们进一步明确了求言的目的所在。

纳谏三

感谏勤政

原文

周史纪：姜后贤而有德。王尝早卧而晏起，后乃脱簪珥，待罪于永巷，使其傅母通言于王曰："妾不才，致使君王失礼而晏朝，敢请罪。"王曰："寡人不德，实自生过，非夫人之罪也。"遂勤于政事，早朝晏退，继文武之迹，成中兴之业，为周世宗。

张解

周史上记：周宣王的后姜氏，贤而有德。宣王尝有时睡得太早，起得太迟，姜后恐他误了政事，要劝谏他，乃先自贬损，脱去头上的簪环，待罪于宫中长街上，使其保母传言于王，说道："我无德，不能以礼事王，致使王耽于女色，溺于安逸，失早朝之礼，这是我的罪过，请王加我以罪。"王因此感悟说："这是我自家怠惰，有此过失，非夫人之罪也（古时称后妃都叫作夫人）。"自此以后，宣王遂勤于政事，每日早起视朝，与群臣讲求治道，至晏方退。其致治之迹，足以上继他祖文王武王，虽其父厉王时，势渐衰弱，至此复能中兴。因宣王有这等功业，所以周家的庙号称他为世宗。

古者后妃夫人进御侍寝，皆有节度，每至昧旦，女史奏《鸡鸣》之诗，则夫人鸣佩玉于房中，起而告退，以礼自防，不淫于色，故能内销逸欲，以成其君勤政之美。《鸡鸣》之诗云："虫飞薨薨，甘与子同梦。会且归矣，无庶予子憎。"言日将旦而百虫飞作，我岂不乐与子同寝而梦哉？但群臣候朝已久，君若不出，彼将散而归矣。岂不以我之故而使人并憎恶于子乎？姜后之进谏，古礼也。宣王中兴周业，盖得之内助为多。

释评

本文为《帝鉴图说》上篇第十三节，出自《资治通鉴外纪》卷三，记述周宣王因受姜王后感化而勤政的故事。大意是：姜王后贤惠而又有妇德，周宣王曾有一段时间早睡晚起，姜王后见此便摘下头上的首饰，在宫中的长街上等待被治罪，同时让她的保姆向周宣王说："妾身没有才德，导致君王您改变早朝之礼而晚上朝听政，敢望您给予我惩处。"周宣王听到这话后，内心立即醒悟过来，说："我没有按君德要求行事，确实是我自身所为而产生的过错，不是夫人的罪过。"周宣王从此勤勉于国家政事，早上朝，晚退朝，继承周文王周武王的业绩，成就了西周的中兴帝业，因而被追谥为世宗。

聪明的人在弱小时善于保护好自己，在机会来临时又会牢牢抓住。曹操在煮酒论英雄时说："龙能大能小，能升能隐；大则兴云吐雾，小则隐介藏形；升则飞腾于宇宙之间，隐则潜伏于波涛之内。"这说的不正是周宣王吗？

周宣王继位时，面对的是这样的情况：十几年前父亲失位，十几年间国人心疑，大权旁落，而架空自己的那一位又对自己有救命之恩。在这种情况下，周宣王能够通过王后劝政的方式，温和而坚定地夺回本属于自己的权力，找回国人对王室的信心，同时保全对自己有恩的召穆公，使其得以善终，这正是周宣王聪明且强大的体现。窃以为，宣王与召穆公的君臣相得，可能正是张居正所期盼的吧。

纳谏四

止辇受言

原文

汉史纪：文帝每朝，郎、从官上书疏，未尝不止辇受其言。言不可用者，置之；可用，采之；未尝不称善。

张解

西汉史上记：文帝每出视朝，但有郎、从等官上书陈言者，虽正遇行路之时，亦必驻了辇，听受其言。纵使所言没有道理不可用，但置之不行而已，亦不加谴责；如其言有益于生民，有补于治道，则必亟加采择，次第行之；又每每称道其所言之善，盖不但采取之而已。

尝闻人君之德，莫贵于听言。自秦禁偶语，天下以言为讳矣，是以底于灭亡而不悟也。观文帝之虚怀听纳如此，虽大舜之明目达聪、成汤之从谏弗咈，亦何让焉！

释评

本文为《帝鉴图说》上篇第十八节，出自《史记·袁盎晁错列传》。记述汉文帝虚心纳谏的故事。大意是，汉文帝每次临朝听政，遇有郎、从官一类人在途中上奏书疏，都会停下车来听取他们的奏言。那疏言不能选用的，就先放在一边留待以后参考；所说可采用的，就采纳实行；汉文帝对他们的奏疏没有不称道的。

汉文帝并非嫡传，是经历过汉初残酷的政治博弈和厮杀后，最终由重臣推选登上帝位的，因此时常保持警惕。

从古至今，能做到在朝廷正式场合听取谏议的帝王就可被赞为“开明君主”了，汉文帝与他们相比则更近一层。汉文帝能在行进途中驻驾听取无权上宫廷进谏的郎官、从官之言，并且能做到不论其所言的是什么，均能静心听之、平心受之，对进谏者给予适当的鼓励，然后迅速择善而行。所以张居正才评价汉文帝：即便是与大舜和商汤相比也不遑多让。

纳谏五

纳谏赐金

原文

汉史纪：文帝从霸陵上欲西驰下峻阪，中郎将袁盎骑并车，揽辔。上曰：“将军怯耶？”盎曰：“臣闻圣主不乘危，不侥幸。今陛下骋六飞驰下峻阪，有如马惊车败。陛下纵自轻，奈高庙、太后何？”上乃止。又从幸上林，奏却慎夫人坐。上说，赐盎金五十斤。

张解

西汉史上记：文帝到霸陵上面，过西边，欲驰车下高峻的坡阪，有随驾的中郎将，姓袁名盎，骑着马傍车而行，急忙挽住了车辔，不肯驰骤。文帝说：“将军莫非胆气怯耶？何乃惧怕如此？”袁盎说：“臣闻明圣之主，不肯乘垂危之地，凡有举动，必要万全，不图侥幸而免，知此身所系甚重也。今陛下驾六马之车，驰骋而下峻阪，就是无事，亦乘危幸免耳。倘或一时马惊车败，卒有不测之变，悔将何及？陛下纵然自轻其身，其如高祖之付托、太后之属望何？”帝听其言，停车不下。后袁盎又随文帝往上林，帝有个宠爱的慎夫人，与皇后同席而坐，袁盎以为非礼，奏使慎夫人退却。文帝喜其屡进忠言，赐他金五十斤。

夫人臣进谏，只要其君免于危险，无有过失，非图赏也。今文帝既听其言，又加重赏如此，盖深知其言之有益，且欲以劝他人之直言耳。从善之意，何其切哉！

释评

本文为《帝鉴图说》上篇第十九节，出自《史记·袁盎晁错列传》。记述汉文帝虚心纳谏并重赏谏臣的故事。大意是，汉文帝想从霸陵上向西飞驰下陡峻的斜坡，中郎将袁盎骑马在车旁随行，抓住了马缰绳。汉文帝问：“将军胆怯了吗？”袁盎回答：“我听说圣明的君主不上险境，不图侥幸。现在陛下乘六匹快马飞跑下这样陡峻的斜坡，一旦马受惊车毁坏，后果不堪设想。陛下即使自我轻身，又怎么对得起高祖及太后？”汉文帝于是停止了这种鲁莽的行为。后来袁盎又随从汉文帝巡幸上林苑，上奏使慎夫人退却，勿与皇后同坐。汉文帝很高兴，赏赐给他黄金五十斤。

聪明的人会通过给予对方奖励的方式，彰显自己的气度和隐晦地表达自己的想法。

纳谏六

纳箴赐帛

原文

唐史纪：太宗即位，张蕴古上《大宝箴》，其略曰："今来古往，俯察仰观，惟辟作福，为君实难。圣人受命，拯溺亨屯，归罪于己，因心于民。大明无私照，至公无私亲，故以一人治天下，不以天下奉一人。勿谓无知，居高听卑；勿谓何害，积小就大。乐不可极，乐极生哀；欲不可纵，纵欲成灾。壮九重于内，所居不过容膝，彼昏不知，瑶其台而琼其室；罗八珍于前，所食不过适口，惟狂罔念，丘其糟而池其酒。勿内荒于色，勿外荒于禽，勿贵难得货，勿听亡国音，勿谓我尊而傲贤慢士，勿谓我智而拒谏矜己。安彼反侧，如春阳秋露，巍巍荡荡，恢汉高大度；抚兹庶事，如履薄临深，战战栗栗，用周文小心。诗云：'不识不知。'书曰：'无偏无党。'众弃而后加刑，众悦而后行赏。勿浑浑而浊，勿皎皎而清，勿汶汶而暗，勿察察而明。虽冕旒蔽目，而视于无形；虽黈纩塞耳，而听于无声。"

上嘉之，赐以束帛，除大理丞。

张解

唐史上记：太宗初登基时，有一书记官张蕴古上《大宝箴》一篇。大宝是人君所居的宝位，箴是儆戒之辞，人臣不敢直说是箴规天子，故以大宝名箴。这箴中的言语，字字真切，句句有味，从之则为尧舜，反之则为桀纣。人君尊临大宝，须把这段说话常常在目，做个箴规，方可以长保此位，所以名大宝箴。太宗深以蕴古之言为善，赐他束帛，升他做大理寺丞。

观太宗纳善之速如此，其所以为唐之令主而成贞观之治者，盖得于是箴为多。

释评

本文为《帝鉴图说》上篇第四十节，出自《旧唐书·张蕴古传》。记述张蕴古给唐太宗上《大宝箴》而得到赏赐的故事。大意是，太宗即位之后，张蕴古上奏了一篇《大宝箴》，大略说："从古到今，上观下察，只有国君可以造福，做一个君主也实在很难。圣人接受上天的命令，拯危救难，有罪归于自己，施恩及于人民。太阳没有私心，不会有照不到的地方，最公正的人不会对亲近的人有私心，所以用一人来治天下，但不是以天下人来侍奉一人。不要以为上天无知，它可以居高而听下；不要以为小事没有什么害处，积小害可以变成大害；享乐不可太甚，过分享乐就会产生悲哀；私欲不可放纵，放纵私欲必定成灾。宫室修得再壮大，所居住的地方不过只是小的空间。那些昏庸无知的君主，用美玉砌成楼台，用琼玉装饰宫室，桌上摆着各种山珍海味，所吃不过只到腹饱为止，由于狂妄的念头，把酒糟堆成山，把酒注成池。不要在内迷恋于酒色，不要在外迷恋于游猎，不要看重那些难得的货物，不要听那亡国的邪音，不要认为自己尊贵而看不起和慢待贤能之士，不要认为自己聪明而拒绝规劝以维持自己的尊严。安抚那些不顺从之人的心，有如春天的阳光和秋天的雨露，既高大而且宽广，发扬汉高祖的宽怀大度；处理各种政事，好像踩着薄冰和面临深渊，战战兢兢，应当像周文王那样小心谨慎。《诗经》上说：'在不知不觉中，顺天道行事。'《书经》上说：'不要偏不要倚。'众人都反对而后加以刑罚，众人都赞扬而后给以赏赐，不要糊里糊涂而是非不清，不要过分洁净而示清明，不要乱七八糟而蒙受玷污，不要过分苛察而表示自己精明。虽然王冠上的冕旒挡住了目光，也可以看到还没有发生的事情；虽然绵丸塞着耳朵，也可以听到没有发出的声音。”太宗很赞赏这些意见，赏赐给他许多布帛，并授以大理寺丞。

唐太宗不仅赏赐张蕴古，还拔擢他做大理寺丞，可谓真心喜欢张蕴古呈上的《大宝箴》了。

纳谏七

敬贤怀鹞

原文

唐史纪：太宗尝得佳鹞，自臂之，望见魏征来，匿怀中。征奏事故久不已，鹞竟死怀中。

张解

唐史上记：太宗一日得个极好的鹞子，心上喜爱，亲自在臂膀上架着，魏征平日好直言极谏，太宗尝敬惮他，当驾着鹞子的时节，恰好魏征走来奏事，太宗恐怕他看见，将鹞子藏在自己怀里，魏征晓得太宗怀着鹞子，故意只管奏事不止，那鹞子藏的时候久了，毕竟死于怀中。

夫太宗尊为天子，偶有臂鹞之失，见了正直的臣，便惭沮掩蔽，如害怕的一般。盖他本是个英明之主，自知所为的非礼，故深以为歉，宁坏了所爱的物而不恤也。臂鹞是他差处，匿于怀中，是他明处。

释评 本文为《帝鉴图说》上篇第四十二节，出自唐代刘餗《隋唐嘉话》，并见于《资治通鉴》卷一百九十三唐纪九。记述唐太宗因听魏征奏事，使鹞在怀中死亡的故事。大意是，太宗曾得到一只很好的鹞子，架在臂膊上玩，望见魏征来了，便藏匿在怀中。魏征奏事故意久而不停，鹞子竟死在太宗怀中。

越是聪明强大，越要有所敬畏。唐太宗能成千古一帝，离不开心中有所敬畏。唐太宗曾言："以铜为鉴，可正衣冠；以史为鉴，可知兴替；以人为鉴，可明得失。朕尝保此三鉴，内防己过。今魏征逝，一鉴亡矣。"这句话是太宗怀念故去的魏征时说的，可见魏征在唐太宗心中的分量。

唐太宗明白自己喜欢鹞子这种爱好，是声色犬马之属，与一个励精图治的君王不相称，所以才会一见魏征就将鹞子藏匿了起来。魏征也知道之前凉州都督李大亮已经因为这事上奏过，但唐太宗没有改过的意思。所以，为了让唐太宗明白此行为的错处，魏征才故意奏事久而不停，只愿用这鹞子的命警醒唐太宗，让其醒悟。好在唐太宗是个明君，最终幡然醒悟。

纳谏八

望陵毁观

原文

唐史纪：太宗葬文德皇后于昭陵，上念后不已，乃于苑中作层观，以望昭陵。尝引魏征同登，使视之，征熟视之曰："臣昏眊，不能见。"上指示之，征曰：

“臣以为陛下望献陵，若昭陵，则臣故见之矣。”上泣，为之毁观。

张解

唐史上记：太宗贞观十年，皇后长孙氏崩，谥为文德皇后，葬于昭陵。太宗因后有贤德，思念不已，乃于禁苑中起一极高的台观，时常登之以望昭陵，用释其思念之意。一日引宰相魏征同登这层观，使他观看昭陵，魏征思太宗此举欠当，他的父亲高祖葬于献陵，未闻哀慕，今乃思念皇后不已，至于作台观以望之，是厚于后而薄于父也。欲进规谏，不就明言，先故意仔细观看良久，对说臣年老眼目昏花看不能见，太宗因指昭陵所在，教魏征看。魏征乃对说，臣只道陛下思慕太上皇，故作为此观以望献陵，若是皇后的昭陵，臣早已看见了。太宗一闻魏征说起父皇，心里感动，不觉泣下，自知举动差错，遂命拆毁此观，不复登焉。

太宗本是英明之君，事高祖素尽孝道，偶有此一事之失，赖有直臣魏征能婉曲以进善言，太宗即时感悟，改过不吝，真盛德事也。

释评

本文为《帝鉴图说》上篇第四十六节，出自《资治通鉴》卷一百九十四唐纪十，记述唐太宗接受魏征的讽喻毁掉台观的故事。大意是，唐太宗把文德皇后安葬在昭陵，又在禁苑中建造了一个有好多层的高台，以便望昭陵。有一次，领魏征登台，让他观看。魏征仔细观看很久，说：“臣下眼睛昏花，看不见。”太宗于是指给他方向。魏征说：“我以为陛下是在望太祖的献陵，若是昭陵，臣下早已看见了。”太宗哭了，便把高台毁掉。

聪明人善于修正自己的外在形象。中国古代封建社会提倡以孝道治理天下，在五种人伦关系（君臣、父子、兄弟、夫妻、朋友）中，父子是高于夫妻的，唐太宗因为怀念妻子才修筑了高台，并且多次登台望妻子的陵墓昭陵，直到某次带魏征前往，魏征委婉地批评唐太宗以夫妻情凌驾于父子情之上，是唐太宗对外形象上的污点，唐太宗才醒悟，毁了高台来修复自身形象。

纳谏九

听谏散鸟

原文

唐史纪：玄宗尝遣人诣江南，取鸡鹊、鸂鶒等，欲置苑中，所至烦扰。汴州刺史倪若水上言："今农桑方急，而罗捕禽鸟，陆水转送，道路观者，岂不以陛下为贱人而贵鸟乎。"玄宗手敕谢之，纵散其鸟。

张解

唐史上记：玄宗尝遣使臣往江南地方，采取鸡鹊、鸂鶒等水鸟，畜养于苑中，以恣观玩。时使臣所到的去处，百姓每不胜扰害，有汴州刺史倪若水上书谏说："如今江南百姓衣食不足，饥寒过半，方务农采桑，以耕织为急。而朝廷之上，乃使之罗捕禽鸟，水陆转运，远至京师，负累小民，骚扰地方，那路上人看见的，岂不说陛下轻视民命，重视禽鸟，为贱人而贵鸟乎。何故为此不急之务，好此无益之物，以亏损圣德也。"玄宗一闻若水之言，深合于心，即发手敕一道谢之。因纵散其鸟，不复采捕。

尝闻召公之训武王曰："不贵异物贱用物，民乃足。"又曰："珍禽奇兽，不育于国。"人主之好尚，不可不审也。玄宗爱鸟，近于禽荒，一闻若水之言，即命散之，可谓从谏如流矣。然不但禽鸟一事，但凡人主喜好那一件物，即为地方之害。盖官吏奉承，指一科十，半入公家，半充私橐，甚至严刑峻罚，催督苛扰，百姓每至于鬻儿卖女，倾家荡产，其害可胜言哉。惟人主清心寡欲，一无所好，只着百姓每纳他本等的赋税，则黎元皆得休息，天下自然太平矣。

释评

本文为《帝鉴图说》上篇第五十六节，出自《旧唐书·倪若水传》，并见于《资治通鉴》卷二百一十一唐纪二十七，记述唐玄宗听从汴州刺史倪若水的劝谏，停止派使臣到江南搜罗禽鸟的故事。大意是，玄宗曾派人到江南搜罗鸡鹊、鸂鶒等水鸟，打算放在园林中，所到之处扰害地方。汴州刺史倪若水上书说："现在农耕蚕桑事业正忙，而网罗捕捉野鸟，陆路水路传递运送，沿途观看的人，岂不认为陛下轻贱人民而贵重野鸟吗？"玄宗亲书手谕表示感谢，把鸟都放了。

凡是想要自身变强大的人，都会在为人处世方面效仿先贤，譬如汉文帝效仿汉高祖，唐玄宗效仿唐太宗。

封建帝王，权力至高，天下至强，若不能兢兢业业、始终如一，则很难善终。

纳谏十

论字知谏

原文

唐史纪：穆宗见翰林学士柳公权书，独爱之，问曰："卿书何能如是之善？"对曰："用笔在心，心正则笔正。"上默然改容，知其以笔谏也。

张解

唐史上记：穆宗性好写字，见翰林学士柳公权写的字好，爱之。问说："卿写的如何能这等好？"公权对说："写字虽在手，用笔实在心。心里端正，则笔画自然端正。"公权是个贤臣，因穆宗问他书法，就说在心上。见得凡事都从心里做出来。况人君一心，万化本源。若不是涵养的十分纯正，发出来的政事，岂能一一停当合理。这正是以笔讽谏。穆宗是个聪明之君，就知他是以笔谏。闻之，默然改容起敬。可谓善悟矣！若能体贴此言，真真实实务正其心，常用着柳公权这样人做辅弼之臣，少有阙失，随事箴规，岂不成一代之明君乎！

释评

本文为《帝鉴图说》上篇第六十三节，出自本篇出自《新唐书·柳公权传》，记述柳公权借与穆宗谈论书法而进谏的故事。大意是，穆宗看见翰林学士柳公权写的字，特别喜爱，就问："你的字怎么能如此之好？"柳公权回答说："用笔在于心，心正，笔就正。"皇上默默改变了脸色，知道他是借笔而谏。

聪明的人，内心也要有自己的坚持和操守，这是为人之锚，也是立世之本。柳体刚劲挺拔的风格，正体现了柳公权为人的端肃。

唐穆宗在位时，昏庸失德，喜欢游宴、击球，追求奢侈放纵的生活，根本不关心朝政。柳公权借书讽谏，全凭内心的操守和尽人臣的本分，至于皇帝是否会因此发怒而将自己贬谪，柳公权早已置之度外。唐穆宗虽然不把谏言当回事，但还是明白事理的。

纳谏十一

焚香读疏

原文

唐史纪：宣宗乐闻规谏。凡谏官论事，门下封驳，苟合于理，常屈意从之。得大臣章疏，必焚香盥手而读之。

张解

唐史上记：宣宗励精求治，乐闻臣下箴规谏诤之言。凡谏官议论政事，及门下省给事中等官，遇诏敕之出，以为不可而论驳封还者，苟所论所驳有合于理，则自己虽以为是，亦每屈己意以从之，未尝偏执。每得大臣所奏的章疏，必焚香洗手，致其诚敬，而后展读。

夫忠言逆耳，庸主所不乐闻。然使规谏尝闻，则政事无缺，实可乐也。宣宗乐于闻谏，屈己从人，可谓明矣！至于大臣涉历既多，虑事尤熟，又非庶官之比，故读其章疏，必加诚敬。盖诚敬则精神收敛，精神收敛则意见精详，可以察其言之当否？以为施用非徒敬其章疏而已也。宣宗图治若此，故大中之政，人思咏之，以为继美太宗，岂不足为贤君哉！

释评 本文为《帝鉴图说》上篇第六十五节，出自《资治通鉴》卷二百四十九唐纪六十五，记述唐宣宗乐闻规谏，极其尊重大臣奏章的故事。大意是，宣宗喜欢听到谏诤之言，凡是谏官议论政事，门下省给事中等官员对诏敕的内容以为欠妥因而论驳封还的，只要讲得合乎道理，宣宗往往屈己之意而接受驳议。宣宗收到大臣所上奏疏，必定要焚香洗手然后阅读，以表达诚挚之意。

唐宣宗即位后，努力仿效唐太宗，以"至乱未尝不任不肖，至治未尝不任忠贤"为座右铭。他将《贞观政要》书于屏风之上，时常正色拱手拜读。即位后便勤于政事，孜孜求治，致力于解决中唐以来所遗留的种种社会问题。唐宣宗处理天下事务，明察果断，用法无私，从谏如流，重惜官赏，恭谨节俭，惠爱民物，故其大中年间所施之政，直到唐亡仍受到人们的称颂，时称"小太宗"。

纳谏十二

敬受母教

原文

宋史纪：太祖尊母南郡夫人杜氏为皇太后。太祖拜殿上，群臣称贺。后愀然不乐。左右进曰："臣闻母以子贵，今子为天子，胡为不乐？"后曰："吾闻'为君难'。天子置身兆庶之上，若治得其道，则此位可尊。苟或失驭，求为匹夫不可得，是吾所以忧也。"太祖再拜，曰："谨受教。"

张解

宋史上记：太祖既即帝位，尊母杜氏为皇太后。太祖拜上尊号，群臣皆称贺。太后愀然有忧愁不乐之色。左右之人问说："臣闻母以子贵，今子既为天子，太后为天子之母，其贵无以加矣！何故反有不乐？"太后说："吾闻古人说'为君难'。盖为天子者，置其身于亿兆众庶之上，若治之有道，则民皆爱戴，而尊位可以常保；倘或治失其道，以致兆庶离叛，则虽求为匹夫，亦不可得矣！今我子虽为天子，吾方忧天位之难居，岂可以为乐乎！"太后这说话，虽是告群臣，实有儆戒太祖之意。故太祖即再拜谢，说："谨当受教。"

自是，即位之后，夙夜畏惧，窒欲防非，重道崇儒，缓刑尚德，以忠厚立国，推赤心置人。故能削平僭乱，创业垂统。於戏，若宋太祖者，可谓大孝矣！

释评

本文为《帝鉴图说》上篇第六十六节，本篇出自《宋史·后妃上·太祖母昭宪杜太后》，记述赵匡胤夺取政权后杜太后激发他警惕丧失政权的故事。大意是，宋太祖尊其母杜氏为皇太后。太祖叩拜于殿上，群臣恭贺，太后却满怀忧思不欢乐。身边群臣进言道："我们听说母以子贵，今天儿子成为天子，您怎么反而不高兴呢？"太后说："我听说'为君难'，天子置身于亿兆庶民之上，如治理能得其道，君位固然尊崇，假如失去控制，哪怕想当一介平民也不可能了！这就是我忧虑的原因呀！"太祖再次叩头，说："谨当受教。"

杜太后不只是一个为儿子着想的母亲，更具有敏锐的政治洞察力。作为一个在五代十国时期见证了多次君臣相杀、国运不享的悲剧的老人，在群臣齐声恭贺之时，说出这样一番话来，既是为了点醒宋太祖，让其不要因为得了帝位而忘乎所以，还需夙夜畏惧，兢兢业业，善待百姓，团结臣属；也是为了告诫群臣，儿子的皇位是你们推举的，你们推举的原因不就是因为我所说的“为君难”吗？既然你们让我儿子担了这个苦差事，以后就本分做事，辅佐我儿子，不要生出别的心思！

纳谏十三

受言书屏

原文

宋史纪，太祖征处士王昭素为国子博士。召见便殿，年七十余矣。令讲乾卦，至九五飞龙在天，昭素援引证据，因示讽谏微旨。太祖大悦。问治世养身之术。对曰：治世莫若爱民，养身莫若寡欲。太祖爱其言，书于屏几。

张解

宋史上记：太祖之时，有个处士姓王名昭素。太祖素知他有学行，征聘他来做国子监博士。既至，召他进见于便殿。此时昭素年七十余岁矣。太祖命他讲《易》经的“乾卦”，至第五爻飞龙在天，乃是人君之象。昭素讲论君道，援引古时帝王以为证据，遂阴寓讽动劝谏之意。太祖见他忠直，大喜悦他，就问他治天下与养身的道理。昭素对说，治天下，莫如爱恤百姓；养身体，莫如寡少嗜欲。盖民为邦本，本固则邦宁。故治国之道，莫如爱民也。欲为身之害，害少则身安。故养身之道，莫如寡欲也。太祖爱他说得有理，将这两句言语，书于屏风及几案上，欲时时警省，不致遗忘也。

然寡欲爱民，固皆致治之要，而寡欲一言，又为爱民之本。盖自古百姓不安，皆因人主多欲。或好兴土木，或恣意声色，或妄开边衅，或求珍奇玩好之奉，或耽驰骋游幸之娱，此等事，皆不免伤民之财，劳民之力。上之所欲无穷，下之所需难继，以致海内骚然，百姓怨叛，而君身不可保矣！以是知人主必爱身，乃可以爱民。而安百姓，亦所以安其身也。

释评

本文为《帝鉴图说》上篇第六十九节，出自《续资治通鉴长编》卷十一“开宝三年（970年）三月辛亥”，并见于《宋史·王昭素传》，记述太祖召处士王昭素议论《易》的故事。大意是，太祖征用七十多岁的处士王昭素为国子博士，召见于便殿，令他讲“乾卦”，讲到九五“飞龙在天”，昭素援引证据，隐含讽谏之意，太祖欣悦。太祖又问治世养身之术，昭素回答说：“治世莫若爱民，养身莫若寡欲。”太祖喜欢他的话，就写在屏风和茶几上。

宋太祖将这句话书于屏风及几案上，表明了他对民生的高度重视，也通过这种方式，将自己的治国理念传达给朝臣和后世，体现了他的政治智慧和远见卓识。这一思想在宋朝的政治实践中得到了体现，如减轻赋税、兴修水利、发展农业，为宋朝的繁荣稳定奠定了基础。

纳谏十四

引衣容直

原文

宋史纪：寇准为枢密直学士，尝奏事殿中，语不合，太宗怒起。准辄引帝衣，请复坐，事决乃退。太宗嘉之曰："朕得寇准，犹文皇之得魏征也。"

张解

宋史上记：宋太宗以寇准为枢密院直学士。寇准为人忠直敢言。一日奏事殿上，不合太宗的意思，太宗发怒起去，欲罢朝回宫。寇准即上去扯住太宗的袍服，请太宗复还御座，决断其事，务要听其言才罢。太宗见他这般耿直，反嘉美他说道："朕得寇准，如唐太宗之得魏征也。"

夫人臣奏事忤旨，至于牵引上衣，以尽其说。为君者若不谅他忠直之心，必以为不敬而怒斥之矣。今太宗不惟不斥，且叹美之。其容人之度如此，所以能使臣下尽言，政事少过，而为宋之贤君也。如太宗者，真无愧于文皇矣！

释评

本文为《帝鉴图说》上篇第七十二节，出自《宋史·寇准传》，记述寇准挽衣留谏，太宗容直嘉美的故事。大意是，寇准任枢密直学士时，曾在殿廷奏事中与太宗言语不和，太宗愤怒起身就走，寇准立即上前拉住太宗的衣服，请他回到御座上，直到事情定下来。太宗嘉奖他，说："我得到寇准，犹如唐太宗之得到魏征啊。"

宋太宗时期，政治斗争频繁，皇帝担心大臣们拉帮结派形成小集团，对朝廷和国家的利益产生负面影响。在这个背景下，寇准为人刚直，敢于直谏，又不依附于任何政治势力，为皇帝提供了一种可信赖的监督力量。

宋太宗通过将寇准比喻成唐太宗时的魏征，既突显了对寇准的高度评价，也展示了宋太宗自己对先辈的崇敬之情，这让我们更加理解宋太宗为何会如此信任和提拔寇准。

纳谏十五

纳谏遣女

原文

宋史纪：仁宗时王德用进二女，王素论之。上笑曰："朕真宗子，卿王旦子，有世旧，非他人比。德用实进女，然已在朕左右，奈何？"素曰："臣之忧正恐在陛下左右耳。"上动容，立命宫官遣女。素曰："陛下既不弃臣言，亦何遽耶？"上曰："朕若见其人留恋不肯行，恐亦不能出矣。"顷之，宫官奏宫女已出内东门，上乃起。

张解

宋史上记：仁宗时，王德用判定州，曾取两个女子献入后宫，以悦仁宗之心，仁宗就收留在后宫，这是仁宗差处。那时谏官王素闻知，即奏此女不可收留，劝仁宗去之。仁宗笑对王素说："朕乃真宗之子，卿乃宰相王旦之子，卿父辅佐我父皇，君臣相得，则朕与卿有世好之旧，与别的群臣不同，只得实与卿说，这两个女子委的是王德用进的，但朕已误纳，现在左右服事了，如何去得？”王素奏说：“陛下以此女在左右为不可去，不知臣之所忧，正恐此女在陛下左右蛊惑圣心，有累圣德，所以劝陛下去之耳。”仁宗一闻此言，遂自悟其失，竦然动容，即时命宫官打发二女出宫。王素奏说：“陛下既已听臣言，少待陛下还宫从容遣之，亦无妨，何必如此急遽。”仁宗说道：“待我还宫时，万一此女有留恋不肯去的意思，我那时为情所牵，恐也遣她不成了，不如趁今遣之为易。”少时，宫官来奏，二女子已出内东门去讫。仁宗方才退朝。

夫宫禁之事，乃人主之所讳言，而房帷之爱，又人情之所牵恋。今仁宗既纳二女，已经进御，一旦闻王素之谏，即开诚直告，略无回互，割舍所爱，不少迟留，可谓从谏之速而改过之勇矣。此真盛德事也。

释评

本文为《帝鉴图说》上篇第七十六节，出自王巩《闻见近录》、邵博《闻见后录》卷一，并见于《宋史·王素传》。记述宋仁宗听从王素的谏言遣送宫女的故事。大意是，仁宗时王德用进献了两个女子，王素上书劝谏，宋仁宗笑着说：“我是真宗皇帝的儿子，你是王旦的儿子，有世代旧交，不能和他人相比。王德用确实进献了女子，但已在我左右侍候了，怎么办？”王素说：“我所忧虑的，就是怕这女子在陛下左右侍候。”仁宗改变了态度，立刻命令内宫官员送走女子。王素说：“陛下既然听取了我的意见，何必这样急促呢？”仁宗说：“我若见到这两个女子留恋不愿走时，恐怕就不能打发走了。”不一会儿，宫官来报告说，宫女已送出内东门了，仁宗这才起身回去。

人都有弱点，聪明人的聪明之处，就在于他能正视自己的弱点，有自知之明。

历代帝王，大多宠幸女色，有的因宠幸女色，荒废政事，重用外戚；有的因宠幸女色，废长立幼，引起储位之争；有的因宠幸女色，英年早逝。这些经验教训，几乎人人皆知，却很难避免，皆因帝王地位特殊。宋仁宗在宠幸女色上也不例外，但他能正视自己的弱点，在王素劝诫后，立刻命令内宫官员送走女子，这正是有自知之明的表现。

纳谏十六

天章召见

原文

宋史纪：仁宗幸龙图天章阁，以手诏问辅臣及御史中丞以上时政阙失，皆给笔札，令即坐以对。时翰林学士张方平条对四事，帝览奏惊异，诘旦更赐手札，问诏所不及者。侍御史何郯乞诏两制臣僚，自今有闻朝政阙失，并许上章论列。帝嘉纳之。

张解

宋史上记：仁宗曾临幸龙图天章阁，召见辅弼大臣，及御史中丞以上，因此手诏，问诸臣以时政欠阙差失处，都给与纸笔，着他就坐上开写以对。当时诸臣皆有奏答，唯翰林学士张方平条答，汰冗兵、退剩员、慎磨勘、择将帅四事，帝见其所言，切于治道，深加惊叹。明日早，又赐手敕，询问他昨日诏书上所不及的事，着他一一奏来。又有侍御史何郯上言，翰林管内外制文的诸臣，原是为备顾问而设，乞诏谕他，今后但是朝政有阙失，得于见闻之真者，并许他上疏论列，直言无隐，以助圣化。仁宗因何郯说的有理，也欣然从之。

盖仁宗求治之心甚切，故引见群臣面加咨询，使之条对，惟恐忠谋谠论不得上达。及闻张方平等直言，又复虚心延访，嘉奖听受，所以那时朝政修举，海内治平，为宋朝守成之令主也。

释评

本文为《帝鉴图说》上篇第七十七节，出自《续资治通鉴长编》卷一百六十三“仁宗庆历八年（1048年）三月”，并见于《宋史·仁宗本纪三》，记述宋仁宗在龙图天章阁召见大臣听言纳谏的故事。大意是，仁宗到龙图天章阁，亲自下诏询问辅佐大臣和御史中丞以上官员当前的政治有何差错，都给纸与笔让他们就座写下来。当时翰林学士张方平列举了四条，仁宗看了很是惊异。第二天早上，仁宗又给张方平写手札，问昨天手诏中还有什么没有提到。殿中侍御史何郯上奏，请求下诏：内外知制诰官员从今以后听到朝政有差错处，准许上奏陈述。皇帝很高兴地采纳了。

在古代封建制度下，一个国家能否治理好，取决于皇帝一人；而皇帝能否很好地进行治理，又取决于皇帝能否采纳臣下的正确意见。所以对皇帝的要求之一，就是能纳谏，只有皇帝肯于纳谏，臣下才敢于进谏。至于皇帝主动召见臣下，征求不同意见，明确要求指出时政有何失误，那就更不容易了。宋仁宗一能亲至龙图天章阁，下手诏承认当时朝政有失误，让大臣直言上奏；二能隔日再问还有什么没有提到；三能将内外知制诰官员上奏陈述定为制度，殊为不易。

第三章 明智

明智一

下车泣罪

原文

夏史纪：大禹巡狩，见罪人，下车而泣之。左右曰："罪人不顺道，君王何为痛之？"王曰："尧舜之人皆以尧舜之心为心；我为君，百姓各以其心为心，是以痛之。"

张解

夏史上记：大禹巡行诸侯之国，路上遇见一起犯罪的人，心中不忍，便下车来问其犯罪之由，因而伤痛垂泣。左右的人问道："这犯罪之人，所为不顺君道，正当加以刑罚，君王何故痛惜他？"禹说："我想尧舜为君之时，能以德化人，天下的人都依着尧舜的心为心，守礼安分，自不犯刑法。今我为君，不能以德化人，这百姓们各以其心为心，不顺道理，所以犯罪。是犯罪者虽是百姓，其实由我之不德以致之，故我所以伤痛者，不是痛那犯罪之人，盖痛我德衰于尧舜也。”

大禹不以罪人可恶，而以不德自伤如此，则所以增修其德，而期于无刑者，无所不至矣。

释评

本文为《帝鉴图说》上篇第五节，出自汉刘向《说苑·君道》，记述夏禹勇于自责的故事。大意是，有一次大禹离京出外巡视，看见一些犯罪的人，他就下车询问他们犯罪的原因，并且为他们的犯罪感到非常伤心，因而哭泣。左右的人很不理解，问："罪人们之所以犯罪，是因为他们不遵循法规律令，君王您为什么反而感到伤痛呢？"大禹回答说："尧舜时代的人，都能够用尧舜的思想作为他们自己的思想，并认真去实行；我做君王，百姓们却根据自己的主观意愿作为他们的行事准则，各行其是，因此我感到内心伤痛。"

聪明而强大的人，不局限在自身，而在于影响周围的人，让其与自己同心同德，达到万众一心，从而反哺自身。

尧在位时，天下井井有条，百姓安居乐业，选擢了同样有能力的舜来接替自己；舜在位时，虽然山洪频发，但也能做到四海宾服，选擢了同样有能力的禹来接替自己；大禹在位时，连左右都不明白大禹所难过痛心的，那大禹的心意还能传达到四海八荒九州吗？大禹所难过的，是与尧、舜相比，自己不够强大，德行不够，左右都不能明白自己的心意，又岂是因为某人犯罪呢？

明智二

戒酒防微

原文　夏史纪：禹时仪狄作酒。禹饮而甘之，遂疏仪狄，绝旨酒，曰："后世必有以酒亡国者。"

张解　夏史上记：大禹之时，有一人叫作仪狄，善造酒。他将酒进上大禹，禹饮其酒，甚是甘美，遂说道："后世之人，必有放纵于酒以致亡国者。"于是疏远仪狄，再不许他进见；屏去旨酒，绝不以之进御。

夫酒以供祭祀、燕飨，礼所不废，但纵酒过度，则内生疾病，外废政务，乱亡之祸，势所必至。故圣人谨始虑微，预以为戒，岂知末世孙桀，乃至以酒池牛饮为乐，卒底灭亡。呜呼！祖宗之训，可不守哉！

释评　本文为《帝鉴图说》上篇第六节，出自宋代刘恕《资治通鉴外纪》卷二，记述大禹自律戒酒、以防误国的故事。大意是，大禹的时候，仪狄善于酿酒。大禹饮用后，认为味道甘美，但却从此疏远仪狄，戒掉这美味可口的酒，并且说："后世一定会有因纵酒而亡国的君主。"

谨始虑微、防微杜渐，正是具有这些优秀品质，大禹才能成为继尧、舜后的又一代领袖。大禹能够在品尝酒的甘美后不复饮用，并疏远进贡酒的仪狄，这不是一般的自律能做到的。

大禹说："后世一定会有因纵酒而亡国的君主。"若是我们着眼在“酒”上，便落了下乘，这句话应着重关注的，是“纵”字。人只要过于放纵自己的欲望，使其成癖而不能自拔，必定会荒废正职，后果不堪设想。

明智三

桑林祷雨

原文

商史纪：成汤时，岁久大旱。太史占之，曰：“当以人祷。”汤曰：“吾所为请雨者，人也。若必以人，吾请自当。”遂斋戒、剪发、断爪，素车白马，身婴白茅，以为牺牲，祷于桑林之野。以六事自责曰：“政不节欤？民失职欤？宫室崇欤？女谒盛欤？包苴行欤？谗夫昌欤？”言未已，大雨方数千里。

张解

商史上记：成汤之时，岁久不雨，天下大旱。灵台官太史占侯说：“这旱灾，须是杀个人祈祷，乃得雨。”成汤说：“我所以求雨者，正是要救济生人，又岂忍杀人以为祷乎？若必用人祷，宁可我自当之。”遂斋戒身心，剪断爪发，素车白马，减损服御，身上披着白茅草，就如祭祀的牺牲模样，乃出祷于桑林之野。以六件事自责，说道：“变不虚生，必有感召。今天降灾异以儆戒我，或者是我政令之出，不能中节欤？或使民无道，失其职业欤？或所居的宫室，过于崇高欤？或宫闱的妇女，过于繁盛欤？或包苴之贿赂得行其营求欤？或造言生事的谗人，昌炽而害政欤？有一于此，则宁可降灾于我一身，不可使百姓每受厄。”汤当时为此言，一念至诚，感动上天，说犹未了，大雨即降，方数千里之广。

盖人有善念，天必从之，况人君为天子，言一动，上帝降临，转灾为祥，乃理之必然也。

释评　本文为《帝鉴图说》上篇第八节，出自《帝王世纪》，并见于《淮南子·主术训》，记述商汤重民并为民祷雨及勇于自责的故事。大意是，成汤在位时，天久大旱。太史占卜之后，说：“应当杀一个人来向神祈雨。”成汤说：“我所要做的事，正是为了人才求雨。要是一定要用杀人的方式向神求雨，请允许由我自己来充当。”于是成汤沐浴斋戒，修剪头发、指甲，乘着素车白马，身上缠绕着白茅，作为向神祈雨的祭品，在桑林旷野中向神祷告，在六件事上自我责备：“是我在政事上不合乎法度吗？是我使民无道而使之失去职守了吗？是我的宫室过高了吗？是我内宫的女子在得宠弄权吗？是请托的人达到其钻营目的了吗？是进谗言的人得逞而肆意妄为了吗？”成汤的话还没有说完，方圆数千里下起了大雨。

聪明的人要学会厘清责任，而不要推卸责任。

自古“民以食为天”，久不下雨，必然导致农作物歉收，甚至民变。那个时刻，王朝和天下苍生均系于商汤的一念之间。所以，让世人臣服于商汤的，不仅是那一场象征天意的雨，更是大雨前那一系列庄严的仪式——所谓心诚则灵，心诚，是善念，更是担当。

明智四

丹书受戒

原文

周史纪：武王召师尚父而问曰："恶有藏之约，行之行，万世可以为子孙常者乎？"师尚父曰："在《丹书》。王欲闻之，则斋矣。"三日，王端冕，下堂南面而立。师尚父曰："先王之道不北面。"王遂东面立，师尚父西面道书之言，曰："'敬胜怠者，昌；怠胜敬者，亡；义胜欲者，从；欲胜义者，凶。'藏之约，行之行，可以为子孙常者，此言之谓也。"王闻之而书于席、几、鉴、盥、盘、楹、杖、带、履、觞、豆、户、牖、剑、弓、矛，皆为铭焉。

张解

周史上记：武王即位之初，向老臣师尚父问说："凡前人创造基业，将使后人世世守之也，而能世守者甚少。不知有什么道理，藏之简约，行之顺利，而可以为万世子孙常守者乎？"师尚父对曰："有一卷书，叫作《丹书》，这个道理皆在其中。王欲闻之，必须重其事，斋戒而后可。"武王于是斋戒了三日，端立官冕，不敢上坐，下堂南面而立，致敬尽礼，求受《丹书》。师尚父说："南面是君位，北面是臣位。王南面而立，则《丹书》当北面而授，先王之道至大，岂可北面而授受乎？"王遂东面而立，不敢居君位。师尚父西面而立，亦不居臣位，乃述《丹书》中的言语，说道："'凡为君者，敬畏胜怠忽，国必兴昌；怠忽胜敬畏，国必灭亡；公义胜私欲，事必顺从；私欲胜公义，事必逆凶。’这个道理，只要在‘敬’‘公’二字上做功夫，藏之何等简约，行之何等顺利，可以为子孙万世常守者，不外乎此矣。”武王敬而信之，遂融化这四句的意思，于是凡那席上、几上、镜子上、洗面盆上、殿柱上、杖上、带履上、觞豆上、门窗上、剑弓矛枪上，一一作为铭词，不但自家随处接目警心，要使子孙看见，也都世守而不忘焉。

夫武王是个圣君，能屈尊老臣受戒，作为铭词，传之后世。周家历年八百，享国最为长久，非以其能守此道也哉！

释评

本文为《帝鉴图说》上篇第十二节，出自戴德《大戴礼·武王践祚》，记述周武王屈尊从师尚父以《丹书》受教的故事。大意是，周武王让人找来姜尚，问他：“有什么治国之道藏起来简便，做起来容易，还能永远为子孙遵守？”姜尚回答说：“这种方式载在《丹书》之中。大王您要是想倾听，就请大王您先斋戒吧。”三天后，周武王端庄地戴着王冠走下大堂，面朝南站立等待受教。姜尚说：“先王传下的治国道理，不能面朝北对着大王。”于是周武王面朝东立，姜尚面向西站立，诵读《丹书》里面的言语，说：“‘恭敬胜过懈怠的人，事业就能昌盛；懈怠胜过恭敬的人，事业就会衰亡；公义胜过私欲的人，事业就能顺利；私欲胜过公义的人，事业就要受到挫折。’这即藏之简便，做起来容易，能让子孙万世遵守的道理。”周武王听后，把这几句话书写在席、几、鉴、盥、盘、楹、杖、带、履、觞、豆、户、牖、剑、弓、矛之上，作为座右铭，用以自警自励。

凡是优秀的团队，必有强大而富有魅力的领袖。这样的领袖想要让众人和自己同心同德，必定要让自己的所思所想便于他人记住，所作所为便于他人效仿，而且必须至简。周武王就是这样的领袖，他想成为黄帝、颛顼那样的圣王，让他的臣民与他同心同德、共创盛世，所以他需要便于臣民牢记心中且日常易于行动的道理。太公明白其中的深意，于是托天书之名，告诉了他四句箴言。武王通过各种方式把这四句箴言告知天下；果然，上下齐心达成共识，自然同心同德。

明智五

入关约法

原文

汉史纪：高祖初为沛公，入关，召诸县父老豪杰，谓曰："父老苦秦苛法久矣，'诽谤者族；偶语者弃市'。吾当王关中，与父老约，法三章耳：杀人者死，伤人及盗抵罪。余悉除去秦苛法。"又使人与秦吏行县乡邑告谕之。秦民大喜，争持牛羊酒食献享军士，惟恐沛公不为秦王。

张解

西汉史上记：高帝初起兵伐秦，那时犹号为沛公，既破了峣关，到咸阳地方，因呼各县里年高的父老，与那有本事的豪杰，都到面前慰劳之，说道："秦君无道，法令烦苛，你百姓每被害久矣，'但凡言时政的，他就说人诽谤，加以灭族之罪；两人做一处说话的，他就说人有所谋为，加以弃市之刑'。其暴虐如此。众诸侯有约：先入关破秦者，王之。今我先入关，当王关中，与你百姓们做主。今日就与父老相约，我的法度，只有三条：惟是杀了人的，才着他偿命，若打伤人及为偷盗的，只各坐以应得的罪名，不加以死。此外一切苛法，都革去不用。”又恐远处不能尽知，使人同着秦吏，遍行到各县乡邑中，将这意思都一一晓谕。那时百姓每被秦家害得苦了，一旦闻这言语，如拔之于水火之中，莫不欢喜踊跃，争持牛羊酒食，犒享沛公的军士，只恐怕沛公不做秦王。

此可见抚之则后汉之所以兴也，虐之则仇秦之所以亡也。有天下者，当以宽仁为贵矣。

释评

本文为《帝鉴图说》上篇第十四节，出自《史记·高祖本纪》，记述汉高祖入关后即与秦民达成三条约法的故事。大意是，汉高祖刘邦当初曾做过沛公，带兵进入峭关占领秦都咸阳后，召集各县的父老豪杰，对他们说：“父老们受秦朝苛法的痛苦已经很久了，‘批评朝政的要灭族，相聚在一起议论的要弃市’。按当年与诸路起义将领的盟约，我应当做关中王。我与父老们约定三条法律：杀人的人处以死刑，伤人及偷窃的人治以应得的罪。除此之外，统统废除秦朝的苛法。”他又派人同秦朝的官吏一同巡行各县城镇乡村，把“约法三章”及废除秦朝苛法的事告知老百姓。老百姓得知之后，非常高兴，争抢着拿牛羊酒食奉献给刘邦的军士，只怕刘邦不在秦地称王。

聪明的人善于从他人的角度出发，思考解决问题的方案，最终实现共赢。

刘邦先破关中，觉得可以当关中王了，所以已经将关中当作自己的领地来考虑。约法三章，是作为下级官吏出身的刘邦出于自身经历所提出的，因为刘邦本人就是严苛秦法的受害者，所以更能明白下层人的疾苦与愿望。这样，刘邦一下子抓住了民心，为他之后以关中为中心战胜项羽打下了坚实的基础。

却千里马

原文

汉史记：文帝时，有献千里马者。帝曰："鸾旗在前，属车在后；吉行五十里；师行三十里。朕乘千里马，独先安之？"下诏不受。

张解

西汉史上记：文帝时，有人进一匹马，一日能行千里。文帝说道："天子行幸，有鸾旗导引于前，有属车拥护于后；或巡狩而吉行，一日不过五十里而止；或征伐而师行，一日不过三十里而止。朕骑着这千里马，独自个先往何处去？"于是下诏拒而不受，还着那进马的人牵回去了。

夫千里马是良马也，文帝以为非天子所宜用，尚且不受，况其他珠玉宝贝、珍禽奇兽、不切于人生日用者，又岂足以动其心乎？《书》曰："不作无益害有益，功乃成；不贵异物贱用物，民乃足。"正文帝之谓也。

释评

本文为《帝鉴图说》上篇第十七节，出自《汉书·贾捐之传》。记述汉文帝拒收千里马的故事。大意是，汉文帝在位之时，有人向他进献了一匹千里马。汉文帝说："我出宫殿时有鸾旗在前面导引，有属车在后面簇拥；到地方上去巡狩，一天不过行走五十里路；进行征战，军队一天不过行进三十里路。我骑着这千里马，独自一人跑在前面要往哪里去？"于是下诏，拒绝接受这匹千里马。

聪明的人，要明白自己所处的位置，知道自己现在的身份，并且行为举止要与其相符。

汉文帝作为帝王，身份贵重，当世之极，但上位之曲折，也是有目共睹，所以文帝在位时，战战兢兢，如临深渊，如履薄冰，很害怕自己有什么出格的举动，导致帝位不稳。我们读了汉武帝的《天马歌》，再来看文帝这个故事，就更明白其中的深意了。

明智七

不用利口

原文

汉史纪：文帝登虎圈，问上林尉诸禽兽簿，尉不能对。虎圈啬夫从旁代尉对甚悉。帝诏张释之："拜啬夫为上林令。"释之曰："周勃、张相如称长者，两人言事曾不出口，岂效此啬夫喋喋利口捷给哉？今以啬夫口辩而超迁之，恐天下随风而靡，争为口辩而无实也。"帝曰："善！"

张解

西汉史上记：文帝一日游幸上林苑，登养虎的虎圈，因问上林苑管簿籍的官说："这苑中各样的禽兽，有多少数目？"这官人一时答应不来。有个管虎圈的啬夫，在旁边替那官人一一答应，甚是详悉。文帝喜他，遂诏侍臣张释之说："这啬夫有才能，可就着他做上林苑令。"释之对说："如今朝中如周勃、张相如，这两个人是有德的长者，能任朝廷大事，然其言事皆说不出口。盖有德的人，自然器宇深沉，言语简当，岂学这啬夫喋喋然用快利之口、便捷以辩给哉？今若因啬夫口辩，就超迁他，恐天下闻此风声而靡然仿效，都只学舌辩能言，不务诚实，则风俗薄而人心漓矣。”文帝以张释之所言当理，遂止，不用啬夫。

观此一事，则用人者不当，但取其言。而文帝从谏之善，亦于此可见矣。宜其为汉朝一代之贤君也欤。

释评

本文为《帝鉴图说》上篇第二十节，出自《史记·张释之·冯唐列传》记述汉文帝从谏而行，避免以言任人的故事。大意是，汉文帝登上虎圈，问上林尉有多少种禽兽，上林尉不能回答。虎圈啬夫从旁边代替上林尉回答得非常详细。于是汉文帝命令张释之：“任命虎圈啬夫做上林令。”张释之说：“周勃、张相如是有德行的长者，这两个人做事勤谨，但言事时却说不出口。有德的人怎么会学这个啬夫喋喋不休、巧言善辩呢？现在因为这个啬夫能言善辩就破格任命他，恐怕天下的人随风而倒，都将效法他，争着做能言善辩而不务实际的人了。”文帝说：“说得好！”

莫名其妙的事情背后，总有合理的逻辑。

张释之对上林尉这段洗白完全是强词夺理。上林尉基本业务不精，一问三不知，岂不是庸官？而上林尉的下属对情况了如指掌，却被张释之解释成了只会耍嘴皮子。他通过偷换概念把一个专业性强的人说成了逞口才的人，把一个庸官说成了忠厚之人，目的是什么？

张释之这么做的目的，就是让汉文帝打消提拔啬夫的念头。文帝是由周勃、陈平、张相如等元老勋臣们推举上的帝位，于官员任命上并没有一言而决的权力，并且当时负责百官升迁任免的权力掌握在丞相手中，汉文帝拔擢啬夫之举越权。啬夫完成本职工作认真负责，这是劳，可以赏赐财物，但没有大功，是不能越级拔擢的，汉文帝一时心血来潮要越级拔擢一个啬夫，此为滥赏。这种越权滥赏之事，不仅会被丞相严词拒绝，还会损害皇帝的威严。张释之正是看透了这一点，所以才找个理由，让汉文帝就坡下驴。汉文帝此时已醒悟，正苦于没有理由收回成命，所以，张释之此言让汉文帝喜形于色，大加称赞。

明智八

遣幸谢相

原文

汉史纪：文帝以申徒嘉为丞相，时邓通爱幸无比。嘉尝入朝，通居上旁怠慢，嘉曰："陛下爱幸群臣，即富贵之。至于朝廷之礼，不可不肃。"罢朝，嘉坐府中，为檄召通，不来，且斩通。通恐，入言上。上曰："汝第往。"通诣丞相，免冠，徒跣，顿首谢。嘉责曰："通小臣戏殿上，大不敬，当斩。"语令吏斩之。通顿首出血，不解。上使使持节召通，而谢丞相，嘉乃解。通还见上，流涕曰："丞相几杀臣。"

张解

西汉史上记：文帝以申徒嘉为丞相，嘉为人正直，文帝甚重之。此时有个郎官叫作邓通，得幸于文帝，宠爱无比。嘉尝入朝，见邓通在文帝旁边，狎恃恩宠，有怠慢之状，嘉即奏说："陛下爱幸群臣，只好赏赐他财物，使之富贵足矣。至于朝廷上的礼仪，则不可不严肃。"及罢朝，回坐于丞相府中，写文书去提邓通，说道："他若抗拒不来，便当处斩。"邓通恐惧，求救于文帝。文帝知丞相所执者是朝廷之礼，邓通委的有罪，就着他去见丞相。通到了府中，取了冠，跣足，顿首谢罪。申徒嘉责他说："朝廷乃礼法所在，你一个小臣敢狎戏于殿上，犯了大不敬，论罪当斩。"因使吏拿出斩之。通叩头谢罪，至于出血，嘉怒犹不解。文帝料邓通已在丞相处陪话知罪了，乃使人持节召通，而致谢丞相，申徒嘉乃遣之。邓通回去，到文帝面前流涕说道："丞相几乎杀了臣。"

夫文帝宠幸邓通，致敢于怠慢，其始固不能无过。然申徒嘉正言直论，而帝略不偏护，即遣令就罪，使大臣得申其法，而嬖幸不敢狎恩。非圣君而能若是哉？

释评

本文为《帝鉴图说》上篇第二十二节，出自《汉书·申徒嘉传》，记述汉文帝向丞相道歉的故事。大意是，汉文帝任命申徒嘉为丞相，当时邓通正受到汉文帝的异常宠幸，无人能与之匹敌。一次申徒嘉入朝拜见皇帝，邓通在文帝身旁，态度很不恭敬。申徒嘉奏说："陛下喜爱宠幸群臣，可以使他们富贵，但是关系到朝廷的礼仪，则不可以不严肃。"朝见结束，申徒嘉回来坐在相府中处理政务，发出传檄召唤邓通，并传令：邓通若是不来，就杀掉他。邓通非常害怕，入宫告诉文帝。文帝说："你只管先去。"邓通到了相府见到申徒嘉，摘下帽子，光着脚跪在地上叩头谢罪。申徒嘉指责说："你本是一名职位低微的臣子，竟胆敢在朝廷上嬉戏，这是不恭敬皇帝的罪行，按律应当斩首。"并传令，将邓通拿下斩首。邓通吓得连连叩头，磕破额头，血流不止也不停下。正在这时，文帝派人拿着符节前来召唤邓通，并向丞相表示歉意，申徒嘉的怒气这才勉强消了。邓通回去见到文帝，泪流满面地说："丞相差点儿杀了臣下。"

邓通诣相，是皇权对相权的一次试探，也是谨小慎微一辈子的汉文帝最张扬的一次演出。

申徒嘉是汉高祖时期的老臣，曾跟随刘邦击败项项羽、黥布。汉文帝十六年，申徒嘉拜相，被封为故安侯。

汉文帝从继位开始，就走在皇权和相权对抗的道路上，在申徒嘉之前，汉文帝当朝经历过陈平、审食其、周勃、灌婴、张苍数位丞相，每一次都是汉文帝和元老勋贵们较量妥协的结果。张苍罢相后，勋贵们的势力依旧很大，即便汉文帝想用自己的妻弟作为丞相，最终也没能成功，只得选勋贵们推举的申徒嘉为相。

汉文帝在与丞相奏对之时，让邓通这样的幸臣旁听，本就不合礼法，是不尊重丞相的意思，但汉文帝就是要用这种方式来试探这位新丞相。对比刚继位时的自己，汉文帝最终在暮年赢了这场斗争。

明智九

明辨诈书

原文

汉史纪：昭帝时，盖长公主、左将军上官桀及其子安及桑弘羊等，诈令人为燕王旦上书，言大将军霍光擅调幕府校尉，专权自恣。书奏帝，留中。明旦，光闻之，不入。有诏召大将军，光入，免冠顿首。上曰：“将军冠。朕知是书诈也。将军调校尉未十日，燕王何以知之？”是时帝年十四。尚书左右皆惊，而上书者果亡。后桀党有谮光者，上怒曰：“大将军忠臣，先帝所属以辅朕身，敢有毁者，坐之！”桀等乃不敢复言。

张解

西汉史上记：昭帝年幼登极，大将军霍光受遗诏辅政。那时盖长公主、左将军上官桀与其子上官安及桑弘羊等，各以私恨霍光，而燕王旦以帝兄不得立为天子，亦怀怨恨。于是上官桀等，欺昭帝年小，设谋要排陷霍光，教人假充做燕王的人，上本劾奏霍光。说他擅自更调幕府校尉，加添人数，专权自恣，图谋不轨。昭帝览奏，留中不下。霍光闻之，待罪于外，不敢入朝。帝使人召光入，光见帝，取了冠帽，叩头谢罪。昭帝说："将军戴起冠。朕知这本是假的。将军调校尉还未满十日，燕王离京数千里，他怎么便就得知？可见是诈。"那时，昭帝年才十四岁。左右之人，见帝这等明察，莫不相顾惊骇，那上书的人，果然涉虚逃走。以后上官桀的党类，又有谮毁霍光者，昭帝即发怒说："大将军是个忠臣，先帝因朕年幼，托他辅朕，再有言者，即坐以重罪！"自是桀等惧怕，不敢复言。

而霍光辅相昭帝，竟为贤主。若使上官桀等之谗得行，则霍光之祸固不待言，而汉家宗社亦危矣！于戏！托孤寄命，岂易事哉？

释评

本文为《帝鉴图说》上篇第二十五节，出自《汉书·燕刺王刘旦·霍光传》，记述汉昭帝识破奸佞谗陷霍光的故事。大意是，汉昭帝在位时，因长公主、左将军上官桀和他的儿子上官安以及桑弘羊等人相互结党，令一个人假装燕王旦的身份与口气，向昭帝上奏书，说大将军霍光擅自调动幕府校尉，是大权独揽、为所欲为的行为。奏书呈献给昭帝后，昭帝没有批示，留中不发。第二天天亮，霍光听到了这件事，不去进朝议事。随即有皇帝诏书召令大将军进宫。霍光进入朝堂，脱下官帽向昭帝叩头。昭帝说："将军请戴上帽子。我已经知道这封奏书是诈伪的。将军调动校尉之事还不到十天，燕王旦怎么会知道这件事？"那时昭帝才十四岁，这番话令尚书及昭帝左右的人都很震惊，而那个上奏书的人，果然逃跑了。此后，上官桀一党中再有人继续诬陷霍光，昭帝就大怒说："大将军是忠诚之臣，所以先帝遗嘱让他辅佐我。再有人敢诽谤他，严加惩处。"上官桀等人再不敢造谣生事了。

汉昭帝面对上官桀的阴谋，展现出了非凡的智慧和判断力。上官桀试图通过伪造燕王刘旦的书信，诬告霍光有谋反之心，以此来挑拨汉昭帝与霍光的关系。然而，汉昭帝通过上官桀提供的证据，一眼就发现了其中的破绽。

汉昭帝虽然才十四岁，但也知道他这个哥哥燕王之前造黑谣，意图谋反的事情。一个曾污蔑自己不是汉武帝亲生，又意图夺取自己皇位的兄长，突然关心起自己的安危，举报他人谋反，这不就是最大的破绽吗？至于燕王刘旦远在北方，不可能这么快得知霍光的行动，以及如果霍光真的有意谋反，不需要通过小小的校尉来实施计划等其他不合理之处，在确定燕王不是好人之后，更是显而易见。

张居正选取这个故事教育万历皇帝，也有自证清白的意味在里面吧。

明智十

葺槛旌直

原文

汉史纪：成帝时，张禹党护王氏。故槐里令朱云上书求见，公卿在前，云曰："臣愿赐尚方斩马剑，断佞臣一人头，以励其余。"上问："谁也？"对曰："安昌侯张禹。"上大怒曰："小臣廷辱师傅，罪死不赦。"

御史将云下，云攀殿槛，槛断。云呼曰："臣得从龙逄、比干游于地下足矣！未知圣朝何如耳？"左将军辛庆忌免冠叩头力救，上意解，得已。及后当治槛，上曰："勿易，因而葺之，以旌直臣。"

张解

西汉史上记：成帝时，外戚王氏专权乱政。安昌侯张禹，原授成帝经，成帝以师礼待之。禹为人有经学，但其性柔佞，又年老，要保全名位，因见王氏威权盛，遂党护之，其误国不忠之罪大矣。那时有原任槐里县令朱云，为人刚直，恶张禹如此，乃上书求见天子言事。公卿都侍立在前，朱云上前直说："愿赐尚方斩马剑与臣，斩一个佞臣的头，以儆其余。"成帝问："佞臣是谁？"朱云对说："是安昌侯张禹。"成帝大怒说："小臣敢当大廷中辱我师傅，其罪该死，不可赦宥。"御史遂拿朱云下殿去，朱云攀扯殿前栏杆，死不肯放，御史拿急，遂将栏杆扯断了。朱云乃大呼说："昔桀杀关龙逄、纣杀王子比干，臣今以直谏被戮，得从二臣游于地下，为忠义之鬼，其愿足矣。但惜圣朝为奸佞所误，不知后来变故何如耳？"朝班中有左将军辛庆忌，取去冠帽叩头说："此臣素称狂直，宜赐优容。"于是成帝怒解，朱云才得免死。到后来修理栏杆，成帝说："此栏杆不必改换新的，只把这折处葺补，留个遗迹，使人知道是朱云所折，以旌表直言之臣。"

夫国家不幸有奸佞弄权，邪佞小人又从而阿附之，相与壅蔽人主之聪明，所赖忠义之士，发愤直言，以阴折其气而消其党，苟加之罪，则天下莫敢复忤权奸，而人主益孤立于上矣。成帝既悟朱云之直，遂宥其死，且留槛以旌之，盖亦有见于此，可谓有人君之度者，故史臣记而称之。

释评　本文为《帝鉴图说》上篇第二十八节，出自《汉书·朱云传》。记述汉成帝旌表敢于直谏的朱云的故事。大意是，汉成帝在位时，张禹阿附庇护外戚王氏集团。曾任槐里县令的朱云，上书求见成帝，当时公卿等众大臣都在跟前，朱云对成帝说："希望陛下能赏赐我一把尚方斩马剑，斩杀一名谄谀奸佞大臣的人头，以惩戒其余的奸佞。"成帝问朱云："这个人是谁？"朱云回答说："这个人就是安昌侯张禹。"成帝听后大怒说："官职低微的小臣竟敢在朝廷上侮辱我的师傅，该当死罪，不可宽赦。"御史把朱云拉下朝廷。朱云死死抓住宫殿上的栏杆不放，致使栏杆折断。他大声呼喊说："我能够跟随关龙逢、比干漫游于九泉之下，心愿已满足了。然而，不知圣明的朝廷今后会怎么样呢？"左将军辛庆忌脱冕跪地向成帝叩头，极力解救朱云，成帝怒气渐渐缓解，这件事才算平息。到后来修理栏杆时，成帝说："不要换新的，修理一下即可，用它做个标志，以表彰那些耿介直言之臣。"

为主之道，在于制衡。

在面对朱云的直言不讳和冒犯时，汉成帝原本感到愤怒和不满，但左将军辛庆忌的干预和解释改变了事件的发展方向。

辛庆忌强调，如果朱云因为直言而被处死，将会堵塞言路，使得再无人敢于忠言直谏，这对国家而言是极大的损失。因此，辛庆忌请求汉成帝赦免朱云，表示即使朱云的言论有误，也应当宽容对待。并且，辛庆忌为救朱云，免冠叩首流血不止。汉成帝最终被辛庆忌的态度打动，决定赦免朱云。

打动汉成帝的，是朱云在王家权势滔天的时候，仍然敢捋虎须，向被王家庇护的张禹发难。更重要的是，代表军队勋贵的辛庆忌力保，这让深谙制衡之道的汉成帝觉得，继王商之后，新的朝政平衡找到了，所以汉成帝最终赦免了朱云。

后来在修缮栏杆时，汉成帝选择不更换新的而是修补旧的，也是为了提醒王凤领衔的王氏外戚们，谁才是这个国家真正的主人。

明智十一

爱惜郎官

原文

汉史纪：明帝时，馆陶公主为子求郎，帝不许，而赐钱千万，谓群臣曰："郎官上应列宿，出宰百里，苟非其人，民受其殃，是以难之。"

张解

东汉史上记：明帝的姊馆陶公主，在明帝上乞恩，要将他的儿子除授郎官，明帝不许，以公主的份上，不好直拒，乃赏赐他铜钱一千万，以见厚他的意思。公主退后，明帝向群臣说："天上有个郎位星，可见这郎官之职，上应列宿，出去为宰，管着百里地方，责任非轻，岂是容易做的，必得其人，方可授之，若错用了一个不才的人，叫那百姓们都受他的害，岂我为民父母之意哉！今公主之子，贤否未知，我所以不肯容易许之也。"

夫朝廷设官分职，本以为民，不是可以做人情滥与人的。明帝于馆陶公主之子，宁可以千万钱赐之，以益其富，不肯轻授一职以遗害于民，诚得圣王重官爵惜名器之意。史称当时吏称其官，民安其业，有由然哉！

释评 本文为《帝鉴图说》上篇第三十四节，出自《后汉书·显宗孝明帝纪》。记述馆陶公主向汉明帝为子求一郎官，汉明帝宁肯赐钱千万也坚不与官的故事。大意是，明帝时馆陶公主为她的儿子求一郎官，明帝不允许，却赐钱一千万。明帝对群臣说："郎官与天上的星宿相对应，出去任职就管理百里的地方，若用错了人，老百姓要受祸害，所以不给他官做。"

汉明帝念父亲中兴艰难，不肯将官位轻易许人，又赏赐其千万钱，维护了姐姐的颜面，可谓周全。汉明帝对群臣所言，大概有两层意思：第一，官职是朝廷的"公器"，选拔官员当"选贤与能"，才能"造福一方"，倘若草率行事、任人唯亲，很可能所用之人无才，以致"祸害一方"；第二，官职不是任何人的"私器"，汉明帝宁给钱财，不给官职，不仅是在婉拒公主的请求，更是在表明态度，要求其他的高官和勋贵以此为戒，断了私相授受的念想。

明智十二

上书粘壁

原文

唐史纪：太宗谓裴寂曰："比多上书言事者，朕皆粘之屋壁，得出入省览，数思治道，或深夜方寝。公辈亦当恪勤职业，副朕此意。"

张解 唐史上记：太宗一日向司空裴寂说道："近日以来，上书奏事者条件甚多，朕将各衙门条陈的章奏，取其言之当理者，都粘在墙壁上，庶一出一入，常接于目，便于朝夕省览。每思天下至大，治之甚难，如何才有利于民，如何才不病于国，思想起来，至不能寐，或到深夜时分才去安歇，此朕一念不敢怠荒之心也。公等为国大臣，分理庶政，亦当夙夜罔懈，恪供职事，以副朕惓惓图治之意可也。"

昔孔子说："为君难，为臣不易。"古语说："尧兢兢，舜业业。"夫以天下之广，兆民之众，若非为君者忧勤惕厉，主治于上，为臣者竭忠尽力分治于下，欲求治平，岂可得哉！观唐太宗告裴寂之言，即虞庭君臣交相儆戒之意也，其致贞观太平之盛也，宜哉！

释评 本文为《帝鉴图说》上篇第三十九节，出自《贞观政要·求谏第四》，记述唐太宗重视臣下上书的故事。大意是，太宗对大臣裴寂说："近来上书奏事的很多，我都把它们贴在墙壁上，以便出入观看思考，反复考虑治理天下的办法，有时到深夜才去休息。你们也应当恪尽职守，不辜负我的期望。"

贞观初年，唐太宗刚刚继位，励精图治，但为了维护朝堂稳定，仍然挽留了一批武德旧臣。唐太宗自然是想让自己的班底上位，特别是首相的位置，但裴寂因为唐高祖李渊的关系，始终恋栈不去。于是唐太宗便多次暗示明示裴寂，想让其主动退位让贤。这篇故事，明里是唐太宗强调君臣之间相互提醒、警戒的重要性，暗里意思有两层：

一是批评裴寂怠政，德不配位。裴寂作为首相，天下大事都应过手处理，现在唐太宗的宫里没处理完的奏章桌子都放不下了，还要贴在墙上观看，不知道裴寂你这个首相怎么当的。

二是讽刺裴寂老迈，让其赶紧退休。唐太宗继位时年仅二十八岁，而裴寂此时已经快六十岁，一个不满三十岁的年轻人劝快六十岁的老头要勤勉，这不是让裴寂赶紧退休是什么？

裴寂养气功夫是真的好，被这么讥讽也无动于衷。但作为大臣和皇帝对着干，实在不太明智，最后落得被免官削爵，流放静州。

明智十三

纵鹊毁巢

原文

唐史纪：太宗时，尝有白鹊构巢于寝殿之上，合欢如腰鼓，左右称贺。上曰：“我常笑隋帝好祥瑞，瑞在得贤，此何足贺。”命毁其巢，纵鹊于野外。

张解

唐史上记：太宗时，尝有白鹊结窝于寝殿之上，其巢两个合而为一，有合欢之形，又两头大，中腰小，恰似那乐器中腰鼓的模样，左右侍臣都说道：“凡物相并，则不能相容，今两鹊为巢，合而为一，形状殊常，实为稀有，此盖天地和气所钟，主上圣德所感，理当称贺。”太宗说：“不然，昔隋帝不好贤人而好祥瑞，至于亡国，我尝笑他。以我看来，只是得贤臣、理政事、安百姓，使天下太平，这才是真正的祥瑞，至于珍禽奇兽，不过一物之异耳。何足为瑞而称贺哉！”遂令人毁其窝巢，而纵放白鹊于野外。

夫天地之间草木鸟兽，形质间有殊异者，皆气化偶然，不足为奇，人主不察，遂以为瑞。于是小人乘机献谄，取悦于上，至有以孔雀为鸾凤而诬上行私者矣。人主好尚，可不谨哉！唐太宗纵鹊毁巢，诚为超世之见，而瑞在得贤，尤万世人君之龟鉴也。

释评 本文为《帝鉴图说》上篇第四十一节，出自《旧唐书·五行志》，并见于《资治通鉴》卷一百九十三唐纪九，记述唐太宗不信祥瑞的故事。大意是，唐太宗时，曾有白鹊筑巢于皇帝的寝殿之上，两个互相拥抱像个腰鼓，左右大臣便向太宗祝贺。太宗说："我常嘲笑隋炀帝喜好祥瑞，真正的祥瑞在于得到贤人，这有什么值得道贺的？"便命令把巢毁掉，放鹊于野外。

迷信祥瑞，这是封建帝王欺骗自己和愚弄人民的手段之一，一些阿谀奉承之辈，更是借此讨好君主，以求取宠。唐太宗正是看到了这一点，所以把白鹊的巢毁掉，断绝人们以祥瑞攀附之心。

明智十四

面斥佞臣

原文 唐史纪：太宗尝至树下，爱之，宇文士及从而誉之不已，太宗正色曰："魏征尝劝我远佞人，我不知佞人是谁，意疑是汝，今果不谬。"士及叩头谢。

张解 唐史上记：太宗一日退朝之暇，曾闲行到一树下，见其枝叶茂盛，心颇爱之。是时宇文士及在旁，要阿奉太宗的意思，就将那株树称誉不止，太宗觉得士及是个便佞的人，心里厌他，因正色面斥之，说道："往日魏征尝劝我斥远佞人，我不知今朝中哪一个是佞人，但心里也疑是你，自今观之，一树之微，何足称誉，其曲意承顺如此，所谓佞人，非汝而谁，平日所疑，果不谬也。"士及惶恐叩头谢罪。

尝观孔子有言曰："恶利口之覆邦家。"又曰："远佞人"。盖便佞之人，专一窥伺人主的意思，巧于奉承，哄得人主心里喜悦，就颠倒是非，变乱黑白，贼害忠良，报复仇怨，如费无忌、江充之伦，把人家君臣父子都离间了，终至于骨肉相残，国家倾败而后已。是以圣人深以为戒，如饮鸩毒，如避蛇蝎，不敢近他，如唐太宗之面斥宇文士及，可谓正矣。然终不能屏而远之，则亦岂得为刚明之主哉。然佞人亦难识，但看他平日肯直言忠谏的，就是正人，好阿谀奉承的，就是佞人，以此辨之，自不差矣。

释评

本文为《帝鉴图说》上篇第四十八节，出自唐刘餗《隋唐嘉话》，并见于《资治通鉴》卷一百九十六唐纪十二，记述唐太宗批评宇文士及阿谀奉承的故事。大意是，太宗曾到一树下，表示非常喜爱，宇文士及便跟着称赞这树。太宗态度很严肃地说："魏征曾劝我远离佞人，我不知道佞人是谁，心里也怀疑是你，今天看来果然不错。"宇文士及急忙叩头认错。

宇文士及谥号为"纵"，意为忘德败礼，其为人首鼠两端，本为隋朝重臣，待其兄宇文化及弑杀隋炀帝后，又暗通李渊，以金环结好以求退路。宇文士及本为隋炀帝驸马，娶南阳公主为妻，宇文化及被窦建德所杀后，宇文士及抛妻弃子，逃归唐朝，致使妻子流亡，儿子被杀。后来宇文士及与南阳公主在洛阳相遇，宇文士及纠缠不休，妄图复婚，被南阳公主严词拒绝，以死相逼后才离开。

唐太宗知道宇文士及是什么人，只不过国家根基不稳，还需要用关陇门阀对抗山东士族，所以优容宇文士及，但只是加封散职却不予实权，的确很明智。

明智十五

遣归方士

原文

唐史纪：太宗时，天竺方士娑婆寐，自言有长生之术，上颇信之，发使诣婆罗门诸国采药，药竟不就，乃放还。高宗即位，复诣长安，上复遣归，谓宰相曰：“自古安有神仙，秦始皇汉武求之，卒无所成，果有不死之人，今皆安在？”李勣对曰：“此人再来，容发衰白，已改于前，何能长生。”竟未及行而死。

张解

唐史上记：太宗时，西域天竺国有个方外的道士，叫作娑婆寐，自己说他有长生不老的药方，太宗初信其言，发人去往婆罗门诸国采取药物，着他制药，竟不能成，乃遣他还归本国。及至高宗即位，这方士又到京师，以其方术见上，高宗不纳，仍复遣还，因与宰相说道：“自古生必有死，神仙之说都是虚诞，昔时秦始皇汉武帝为求神仙，费了一生心力，到底没一些效验，若使世界果有长生不老之人，今皆何在？”李勣对曰：“此人这一番来，容貌衰老，发尽皓白，与前次不同，他若有仙方，何不自家服食延年，而衰老如此，其妄诞可知矣。”后果不及还家而死。

由此观之，神仙之说，原是谄谀之人干求恩宠，见得天子之富贵已极，无足以动其意者，惟有长生一事，不可必得，遂托为渺茫玄远之说，以歆动人主之意。是以为秦皇求仙药者，有徐福辈，入海不返，为汉武求仙方者，有栾大等，无功被诛。即此二事，可为明验，然惟清心寡欲，节慎于饮食起居之间，自可以完固精神，增益年寿，如五帝三王，享国长久，垂名万世，不亦美乎。

释评

本文为《帝鉴图说》上篇第五十一节，出自《旧唐书·西戎天竺国传》，记述印度方士妄言有长生不老之术被唐高宗遣归的故事。大意是，天竺国方外道士娑婆寐自称他有长生不老的药方，太宗很是相信，派遣使者到婆罗门诸国去采药物，叫他制药，始终没成，便放他回去。高宗即位后，他又来到长安，高宗再遣送他回去，并对宰相说："自古以来哪有神仙呢，秦始皇汉武帝寻求它，最终都没结果。要是真有不死的人，今天他们在哪里呢？"李勣回答："这个人这次再来，面目衰老，头发已白，和前次大不相同，哪能长生？"果然，他还没来得及走，就死了。

神仙之说，本就是阿谀奉承之人想用无法验证的传说故事从皇帝那里骗得一些赏赐。史书上记载，徐福为秦始皇求取仙药，去了海上不曾归来；给汉武帝炼制仙丹的栾大等人，到最后也没有成功，被汉武帝诛杀，这两件事就足以说明长生之事不可取了。唐高宗虽然身体不好，但脑子很清醒："要是真有不死的人，今天他们在哪里呢？"

如若尧舜长生，又岂有李氏天下？

明智十六

召试县令

原文

唐史纪：玄宗悉召新除县令至殿庭，试理人策，惟韦济词理第一，擢为醴泉令，余二百人不第，且令之官，四十五人放归学问。又敕京官五品以上外官刺史，各举县令一人，视其政善恶，为举者赏罚。

张解

唐史上记：玄宗以县令系亲民之官，县令不好，则一方之人皆受其害，故常加意此官。是时有吏部新选的县令二百余人，玄宗都召至殿前，亲自出题考试，问他以治民之策，那县令所对的策惟有韦济词理都好，取居第一，拔为京畿醴泉县令，其余二百人，文不中第，考居中等，姑令赴任，以观其政绩何如。又四十五人，考居下等，放回原籍学问，以其不堪作令，恐为民害也。又敕令在京五品以上官，及外面的刺史，各举他所知的好县令一人，奏闻于上，既用之后，遂考察那县令的贤否，以为举主的赏罚，所举的贤，与之同赏，所举的不肖，与之同罚，所以那时县令多是称职，而百姓皆受其惠，以成开元之治。今之知县，即是古之县令，欲天下治安，不可不慎重此官也。

释评

本文为《帝鉴图说》上篇第五十五节，出自《旧唐书·韦思谦传》，并见于《资治通鉴》卷一百一十一唐纪二十七，记述唐玄宗重视地方官的任命，亲自考试县令的故事。大意是，唐玄宗召新授职的全部县令到殿廷，亲自考试治民之策。只有韦济文辞义理第一，升为醴泉县令。余下的，有二百人没有入等，但还是让他们去赴任；四十五人放回原籍再学习。又命令五品以上京官和外官刺史，各推举县令一人，观察他们的政绩好坏，对举荐人进行赏罚。

县令这种地方官在古代政治体系中扮演着重要的角色，尽管他们的职位较低，但他们的行为和决策往往对整体政治生态产生深远的影响。

唐玄宗重视地方官的任命，既是唐玄宗体恤民生、爱护自己执政名声的表现，也是唐玄宗励精图治、意图深入了解官场中的潜规则和矛盾状态的表现。由此可见唐玄宗在开元初期的明君风范。

明智十七

不受贡献

原文

唐史纪：宪宗初即位，升平公主献女口。上曰："上皇不受献，朕何敢违！"遂却之。荆南献毛龟。诏曰："朕永思理本，所宝惟贤，至如嘉禾神芝，珍禽奇兽，皆虚美尔，所以《春秋》不书祥瑞。自今勿复以闻，其有珍奇，亦毋得进。"

张解 唐史上记：宪宗初即帝位，升平公主献妇女十五人进宫答应。宪宗说道，我父皇在时，不受人的贡献，朕何敢违其教，遂却而不受。又荆南地方献两个绿毛龟。宪宗又下诏书却之，说道："朕长思治道之本，惟贤人为可宝，取其能安国家，利百姓也。至如嘉禾、灵芝、珍禽奇兽，徒为耳目观美，都是无用之物，何足宝乎！所以孔子作《春秋》之书，并不曾记一件祥瑞，正以其无益也，自今以后，天下有司，再勿以祥瑞奏闻，其有珍禽奇兽，如毛龟之类者，亦不许进献。"

盖天下之物，恒聚于所好，而声色、祥瑞、珍奇三件，尤人情所易溺者，人主一有所好，则邪佞小人，遂得以乘其隙而投之，欲端一开，辟之堤防溃决，不可复塞，终至于心志蛊惑，政事荒怠，亡身复国而不悟，可悲也哉！今宪宗即位之初，即能一切拒绝如此，其高识远志，诚超出乎寻常万万矣！

释评 本文为《帝鉴图说》上篇第五十九节，出自《资治通鉴》卷二百三十六唐纪五十二，并见于《旧唐书》卷一十四宪宗上，记述唐宪宗遵循父皇身教，不受贡献，同时拒绝祥瑞的故事。大意是，宪宗刚刚即位，升平公主就献上妇女十五人做宫女。宪宗说，我父皇在世时，就不接受贡献，我怎敢违背其身教，于是拒绝了。荆南地方又献上两个绿毛龟。皇上下诏说，我常常思考治理国家的道理，所要宝贵的财产唯有贤德之才。至于嘉禾灵芝、珍禽异兽之类，都是虚浮的美观，所以《春秋》都不写祥瑞。从今以后，不要再拿这种事上报，他们有珍奇之物，也不得进献。

天底下能够让人痴迷沉溺的，都是人们的兴趣爱好。唐宪宗不以声色、祥瑞、珍奇为爱好，而以中兴大唐、史书流芳为爱好，刚刚继位就能杜绝各种形式的献媚，防范蠢蠢欲动的奸佞，难怪张居正说"其高识远志，诚超出乎寻常万万矣"！

明智十八

淮蔡成功

原文

唐史纪：吴元济反淮西，宪宗命发兵讨之。是时诸道节度使及宰相李逢吉，皆与元济交通，多请罢兵，惟裴度力主讨贼之议。上曰："吾用度一人，足破此贼。"遂以度为相。师累岁无功，度请自诣行营，上许之。度陛辞，言曰："臣若灭贼，则朝天有期，贼在，则归阙无日。"上为之流涕，解通天御带以赐之。度至淮西，身自督战。由是诸将效力。李愬夜袭蔡州，擒元济，淮西遂平。韩愈奉诏撰平淮西碑曰：凡此蔡功，惟断乃成。

张解

唐史上记：淮西节度使吴元济造反，宪宗命将发兵去征剿他。当时诸道节度使，多有元济的党羽。朝中宰相李逢吉，也与元济交通，多替他游说，奏请罢兵。惟有御史中丞裴度，晓得淮西决然可取，力劝宪宗讨贼。宪宗说："我只消用裴度一人，就足以破此贼，决不罢兵。"遂用裴度做宰相，讨贼甚急。出兵已经二年，还未见成功。裴度自愿亲往淮西营里督战。宪宗大喜，就命他充淮西宣慰招讨使。裴度临行辞朝，面奏说："臣此去若能灭贼，才有回来朝见之期。若此贼不灭，臣义在必死，终无归阙之日矣！"宪宗听说，不觉为他流涕。因解自家束的通天犀带一条赐他，以宠其行。裴度既到淮西，宣谕朝廷的威令，催诸将进兵讨贼。于是，诸将人人效力，每战有功，遂擒元济。淮西用兵，凡累年而不克。群臣请罢兵者甚众。若非宪宗之明，独断于上，裴度之忠，力赞于下，则淮西几无成功矣！所以韩愈奉诏，撰平淮西碑文纪功，其词有云：凡此蔡功，惟断乃成。盖美宪宗之能断而成功也。然则人君欲定大事，建大功，岂可以不断哉！

释评

本文为《帝鉴图说》上篇第六十二节，出自《资治通鉴》卷二百四十唐纪五十六，并见于《新唐书·裴度传》，记述唐宪宗任用裴度平定淮西的故事。大意是，吴元济叛于淮西，宪宗下令发兵征讨他们。当时，诸道节度使和宰相李逢吉，都与吴元济私相交通，多请朝廷罢兵，唯有裴度坚决主张讨伐叛逆。皇上说："我用裴度一人，足以击败此贼。"于是就以裴度为宰相。官军连年没有取得战绩，裴度请求亲自到行营，皇上答应了他。裴度告辞皇上时说："我若消灭此贼，就回朝有期，如果叛贼还在，就归朝无日了。"皇上为之痛心流泪，解下自己的通天御带赐给他。裴度到淮西，亲身督战，由此而激发了诸将奋身效力。李愬雪夜下蔡州，生擒吴元济，遂平定淮西。韩愈奉诏撰写"平淮西碑"文，其中指出凡此平蔡之功，唯有明断而成功。

凡是史上能被称为明君的，莫不是以文治武功为追求。唐宪宗既有中兴之志，又有良臣辅佐，可谓君臣相得矣。

明智十九

碎七宝器

原文

宋史纪，太祖尝见蜀主孟昶宝装溺器，命撞碎之。曰："汝以七宝饰此，当以何器贮食？所为如是，不亡何待！"

张解

宋史上记：太祖平蜀之后，曾见蜀主孟昶有一个溺器，是七样宝贝装成的。太祖见了大怒，命左右打碎之。说道："七宝是珍贵之物，就做饮食之器也是奢侈不该的！汝却把来装饰溺器，不知又用何等的器皿去盛饮食？其侈用暴殄，一至于此。欲家国不至败亡，岂可得乎？"

夫太祖为创业之君，其言真足以垂戒万世！人君推此，件件都该崇尚朴素，乃为爱惜福禄，保守国家之道也。

释评

本文为《帝鉴图说》上篇第六十八节，出自《宋史·太祖本纪》，并见于《宋朝事实类苑·祖宗圣训》，记述宋太祖打碎蜀主孟昶七宝溺器的故事。大意是，太祖曾看到后蜀国主孟昶装饰有宝石的溺器，命人打碎它。说："你以七种宝石装饰这个，该用什么样的器皿贮藏食物呢？如此所作所为，不亡国还等什么！"

商纣王即位之初，命人用象牙制作了一双筷子，这一行为引起了贤臣箕子的担忧。箕子担心，象牙筷子不会与土制的食器搭配，必然会使用犀角和玉制的酒杯。随着餐具的升级，饮食也会变得更加讲究，最终导致生活的极度奢侈，甚至到酒池肉林的地步。后来果真如箕子所料。

宋太祖乃创业之君，“服用俭素”。平定了后蜀，看到孟昶的七宝溺器，就叫人将它打碎。这正是开国之君与亡国之主的两种思想、两种习惯的鲜明对比，可谓水火不能相容。

第四章 仁德

仁德一

孝德升闻

原文

虞史纪：舜父瞽叟，娶后妻生象，父顽母嚚，象傲。常欲杀舜，舜避逃，克谐以孝，瞽叟亦允若。帝求贤德，可以逊位，群臣举舜，帝亦闻之。于是以二女妻舜，舜以德率二女，皆执妇道。

张解

虞史上记：大舜的父是个瞽目人，他前妻生的儿子就是大舜。舜母故了，瞽叟又娶一个后妻，生的儿子叫作象。那瞽叟愚顽不知道理，后妻嚚恶不贤，象又凶狠无状。他三个人时常商量着要杀舜，舜知道了，设法躲避，然后得免。然终不敢怨其父母，只尽自家的孝道。久之，感化得一家人都和睦。瞽叟见他这等孝顺，也相信欢喜了，所以人都称他为孝子。当时帝尧要求贤德的人可逊以帝位者，群臣都举荐舜。比先，帝尧已知大舜善处父母兄弟，是个圣人，但是不知他处夫妇之间何如。于是召舜去，把两个女儿都嫁与他为妻。舜又能以德化率这二女，在他父母前都尽做媳妇的道理。尧因此遂禅以帝位。

自古圣贤，皆以孝行为本，然父母慈爱而子孝顺，尚不为难。独舜父母不慈，而终能感化，所以当时以为难能，而万世称为大孝也。

释评 本文为《帝鉴图说》上篇第三节，出自《尚书·虞书·舜典》，并见于《史记·五帝本纪》，记述舜因孝敬父母而名闻天下的故事。大意是，舜的父亲瞽叟，在舜的母亲去世后，娶了一位后妻，她生下了舜的异母弟弟象。舜的父亲愚鲁狂妄，继母不通事理，象对舜十分傲慢。他们三人合谋，总想杀死舜，舜总是设法逃避过去。在这种情况下，舜仍能和谐地尽孝道，瞽叟在舜的感召之下，也变得和顺了。尧这时正在四处寻找德才兼备的人，并准备把帝位让给他。群臣共同推荐舜，尧也曾听说有关舜尽孝的事迹，于是就把两个女儿娥皇、女英同时嫁给舜做妻子。舜用道德给两位妻子作出表率，两位妻子也都能遵守当时妇女的规范。

家庭关系对事业的重要性体现在它能够为个人提供情感支持、精神慰藉和心理调节，从而影响个人的工作态度、工作效率以及事业发展。因此，维护良好的家庭关系对于个人的成功和幸福至关重要。

对舜来说，家庭观是世界观、人生观、价值观在家庭问题上的综合反映。尧对舜进行考察，正是舜有正确的家庭观，尧进而判断舜对生活是充满热情和希望的。这样积极热爱生活的大舜，才能在接任天下之主后，维护社会稳定和公正，这也正是尧所期望的。

仁德二

解网施仁

原文

商史纪：汤出，见网于野者，张其四面而祝之曰："自天下四方，皆入吾网。"汤曰："嘻！尽之矣！"解其三面，而更其祝曰："欲左，左；欲右，右；欲高，高；欲下，下；不用命者，乃入吾网。"汉南诸侯闻之，曰："汤德至矣，及禽兽。"一时归商者，三十六国。

张解

商史上记：成汤为君宽仁，曾出至野，见有人四面张着罗网捕鸟雀，口里祷祝说："从天上坠下的，从东西南北四方飞来的，都要落在我网里。"汤闻之不忍，叹息说："这等，是那鸟雀一个也逃不出去了，何伤害物命不仁如此！"于是使从人将那网解去三面，只存一面。又重新替他祷祝，说道："鸟之欲左者左，欲右者右，欲高者高，欲下者下，任从你飞翔；只是舍命要死的，乃落吾网中。"夫汤之不忍害物如此，其不忍于害民可知。所以当时汉江之南的列国诸侯，闻汤这一事，都称说："汤之仁德，可谓至矣，虽禽兽之微，亦且及之，而况于人乎？"于是三十六国，一时归商。

盖即其爱物，而知其能仁民，故归之者众也。

释评

本文为《帝鉴图说》上篇第七节，出自《史记·殷本纪》，记述汤不忍伤害禽类的故事。大意是，成汤有一次外出，看见一个在野外张网捕鸟的人。那个人把鸟网四面张开，并且向神祷告说："从天下四方飞来的鸟，全都钻入我的鸟网吧。"成汤见到这种情形说："哎呀！这样不是要把天下的鸟捕尽杀绝了吗！"于是成汤让随从解开其中的三面网，只存一面，并改变他的祈祷词，说："要往左飞的，就往左；要往右飞的，就往右；要向高处飞的，就向高处飞；要向下面飞的，就向下飞；不听从劝告的，就进入我的网。"汉江以南的列国诸侯听说这件事后，都说："成汤的道德修养已经达到极点了，竟然能将恩德推广到禽兽身上。"一时之间，归顺商朝的诸侯国竟多达三十六个。

商汤是一个对物欲并没有太高追求的人，所以对于捕鸟者，也要劝其网开三面，只留一面，对于不愿入网者，也留给一条生路，无须尽捕，这就是德及禽兽。远方部落听到商汤不忍伤害禽类的事后，认为商汤是一个仁德之君：他连鸟兽都不忍加害，何况对于老百姓呢？故而纷纷归顺，帮助商汤灭掉了残暴的夏桀。

桀以暴，汤以仁；桀以严，汤以宽；桀横征暴敛，汤简朴寡欲，这正是天下的诸侯都背弃夏桀而归顺商汤的原因。

仁德三

德灭祥桑

原文

商史纪：太戊时有祥桑与谷合生于朝，一暮大拱，太戊惧。伊陟曰："妖不胜德，君之政，其有阙欤？"太戊于是修先王之政，明养老之礼，早朝晏退，问疾吊丧。三日而祥桑枯死；三年远方重译而至者七十六国，商道复兴。

张解

商史上记：中宗太戊之时，有妖祥之桑树与谷树，二物相合生于朝中，一夜之间，就长得大如合抱，中宗见其怪异，心中恐惧，以问其臣伊陟。伊陟说道："这桑谷本在野之物，不宜生于朝。今合生于朝，又一夜即大如拱，诚为妖异。然妖不胜德，今朝中生这妖物，或君之政事有缺失欤？君但当修德以胜之，则妖自息矣。"中宗于是听伊陟之言，修祖宗的政事，明养老的礼节，早朝勤政，日晏才退，百姓们有疾苦问之，有丧者吊之。太戊有这等德政，果然妖物不能胜。三日之间，那桑与谷自然枯死；三年之后，远方外国的人，慕其德义，经过几重通事译语朝他的，有七十六国。商道前此中衰，至此而复兴焉。

夫妖不自作，必有所召。然德在当修，亦岂待妖？观太戊之祥桑自枯，益信妖不足以胜德，而为人君者，不可一日不修德也。

释评

本文为《帝鉴图说》上篇第九节，出自《史记·殷本纪》，并见于汉刘向《说苑·君道》，记述太戊修德行而使祥桑（妖桑，有凶兆的桑树）自灭的故事。大意是，太戊在位时，有一棵怪异的桑树和谷树合生在朝堂上，一夜之间长到两臂合抱那样大，太戊感到恐惧。伊陟说："我听说，妖怪不能战胜德行。君王您的政令，大概有什么失误的地方吧？"太戊于是勤修先王的德政，彰明供养老人的礼教，早上朝，晚退朝，百姓有病，他去慰问，有丧事，他去哀悼。这样做了三日之后，祥桑枯死，三年之后，远方及国外的人，经过多重翻译，前来归顺商朝的竟多达七十六国，商朝的治道得以再度兴盛。

所谓“以德胜妖”，乃属一种迷信思想，遍翻古籍，所有的天象示警，均是人祸的先兆。太戊亲政前，商朝曾一度中衰，各方国纷纷摆脱商控制而独立。太戊在伊陟辅佐下，向自己的祖先商汤学习，以宽待民，以德亲民，以仁泽民，故而能使商朝获得“中兴”，成为商朝“明君”之一。

仁德四

泽及枯骨

原文

周史纪：文王尝行于野，见枯骨，命吏瘗之。吏曰：“此无主矣。”王曰：“有天下者，天下之主；有一国者，一国之主。我固其主矣。”葬之。天下闻之，曰：“西伯之泽及于枯骨，况于人乎？”

张解

周史上记：文王初为西伯时，一日出行于郊野之外，见死人的枯骨暴露于外，因吩咐吏人以土瘗埋之。吏人对说：“这枯骨都是年久死绝的人，已无主了。”文王说道：“天子有天下，就是天下的主；诸侯有一国，就是一国的主。今此枯骨，我就是他的主了。何忍视其暴露而不为掩藏之乎？”乃葬而掩之。时天下之人，闻文王行这等阴德，都说道：“西伯的恩泽，虽无知之枯骨亦且沾及，况有生之人乎？”

夫文王发政施仁，不惟泽被于生民，而且周及于枯骨。所谓“为人君，止于仁”者，此类是也，岂非有天下者之所当取法哉？

释评　本文为《帝鉴图说》上篇第十一节，出自《资治通鉴外纪》卷二，记述周文王推行仁德而能推广到枯骨的故事。大意是，周文王曾经去郊外，看到死人的枯骨暴露在荒野，他命令随行官吏把枯骨掩埋好。随行的官吏说：“这些都是没有主之人的枯骨。”周文王说：“拥有天下的人，就是天下的主；拥有一国的人，就是一国的主。我本来就是这些死者的主。”于是便把枯骨埋葬了。天下的人听到这件事，都说：“西伯的恩泽能推及无主的枯骨，更何况对于活着的人呢？”

周文王在埋葬枯骨时候说的话很有意思，他说：“拥有天下的人，就是天下的主；拥有一国的人，就是一国的主。我本来就是这些死者的主。”当时拥有天下的，是纣，那么让人民变成枯骨的也是纣，任由枯骨暴露荒野的，还是纣。纣王如此暴虐，真正做到了对人民生死不顾，我周文王现在来为你们这些枯骨做主，将你们埋葬。天下的人知道这件事情后，都知道了周文王有取代商朝的野心了，所以才说西伯侯的恩泽既然能推及无主的枯骨，活着的人也绝不会落下。

仁德五

露台惜费

原文 汉史纪：文帝尝欲作露台，召匠计之，值百金。上曰："百金，中人十家之产也。吾奉先帝宫室，常恐羞之，何以台为？"

张解 西汉史上记：文帝尝欲在骊山上造一露顶高台，使工匠计算所费几何，工匠计算说："该用百金。"文帝说："百金之资产，若以民间中等的人家计之，可够十户人家的产业。今筑一个台，就破费了十家的产业，岂不可惜！且我承继着先帝的宫室，不为不广，常恐自己无德，玷辱了先帝，又岂可糜费民财，而为此无益之工作乎？"于是停止露台之工，不复兴造。

夫文帝富有四海，况当承平无事之时，财用有余，然百金之微，犹且爱惜，不肯轻费如此，虽尧舜之土阶，大禹之卑宫，何以过之哉！大抵人主爱民之心重，则自奉之念轻。夫以一台之工，遂至费百姓十家之产，若如秦皇之阿房、骊山，宋徽之龙江、艮岳，其所费又不知其几千万家矣。穷万民之财，以供一己之欲，一旦民穷盗起，社稷丘墟，虽有台池鸟兽，岂能独乐哉？后世人主，诚当以汉文帝为法，毋以小小营建为费少，而遂恣意为之也。

释评 本文为《帝鉴图说》上篇第二十一节，出自《史记·孝文本纪》，记述汉文帝因惜民财而停建露台的故事。大意是，汉文帝曾经想要造一座露台，他召集工匠们计算工程费用，大约需要一百两黄金（另说“百金”是一百两白银）。汉文帝说：“百两黄金，是中等民户十家的家产。我承继着先帝的宫室，经常害怕自己无德行而辱没了先帝的英灵，为什么还要修这座露台呢！”

《左传》上说：“俭，德之共也；侈，恶之大也。”大意是：节俭是一种大的德行，奢侈是一种大的罪恶。汉文帝作为一国之君，天下之主，造一座露台，其实没什么大不了的。但汉文帝心系百姓，自觉用中等民户十家的家产，建造一座不常去的露台，如此劳民伤财只为自己偶尔的游玩，实在是不划算，于是就放下了修建露台的念头。

汉文帝放下的，是自己一时的欲望。一直装在心中的，是对百姓的体恤。正是汉文帝如此仁德的做法为大汉王朝积累下家底，汉武帝才有了北伐匈奴的底气。

仁德六

焚裘示俭

原文

晋史纪：武帝时，太医司马程据献雉头裘，命焚之于殿前，诏中外，自今毋献奇技异服。

张解

晋史上记：武帝初即位时，有太医司马程据者，以雉头羽毛，织成裘袄来献，帝见其过于华丽，恐长奢靡之风，命人以火焚之于殿前，以示己之不贵异物，不尚服饰也。又诏中外，自今以后，再不许将奇异技巧之物，及华美异样的衣服来献。

盖人主之好尚，乃天下观法所系，不可不慎也。晋武禅位之初，承魏氏奢侈之后，欲矫以节俭，故不焚于他所，而焚于殿前，要令众庶共见之耳。然其意不出于至诚，故未久即变，孽后乱政，五王僭侈，而晋室南迁矣。孟子说："恭俭岂可以声音笑貌为哉！"正此之谓也。

释评

本文为《帝鉴图说》上篇第三十六节，出自《晋书·武帝纪》，记述咸宁四年（278年）十一月太医司马程据献雉头裘，晋武帝司马炎为表示节俭，将裘焚于殿前的故事。大意是，晋武帝时，太医司马程据献了一件用野鸡毛织成的裘衣，武帝命令在殿前把它烧掉，并宣告朝野：从今以后，不许贡献奇异之物。

在创业过程中，人们会打起精神奋力前行，心无旁骛地专注于目标的实现，从而身正影端，鲜有不良嗜好，可一旦大获成功，就会有种全身放松的懈怠感，甚而想加倍地弥补前期付出的辛劳，难免出现怠惰散漫的状况。晋武帝起先的自强不息是真，后来的自甘堕落也不假，"焚裘示俭"不是作秀，"羊车望幸"也非杜撰，晋武帝并不是戴着阴阳脸面具的伪君子。

西晋一浪高过一浪的炫富不仅造成了资源的巨大浪费，而且还导致社会矛盾的激化，因为上层氏族的资财都是从老百姓身上盘剥去的，他们极尽奢华，便意味着底层人民承受更加沉重的苛捐杂税。皇亲国戚王公大臣的骄奢淫逸招来贪腐成风，而民不聊生必然使得国家根基不稳，西晋四世而亡与晋武帝的前明后暗有着直接关系。晋武帝没有给子孙打好样，也为后来的"八王之乱"埋下了伏笔。

仁德七

留衲戒奢

原文

宋史纪：高祖微时，尝自于新洲伐荻，有衲布衫袄，臧皇后手所作也。既贵，以付其长女会稽公主曰："后世有骄奢不节者，可以此衣示之。"

张解

六朝宋史上记：高祖刘裕起初微贱时，其家甚贫，常亲自在新洲上砍斫芦荻，那时穿一件碎补的衲袄，乃其妻皇后臧氏亲手缝成的。及高祖登了帝位，思想平生受了许多艰苦，创下基业，恐子孙不知，不能保守，乃将这衲袄付与他的长女会稽公主收藏，嘱咐她说："后来我的子孙若有骄恣奢侈，不知节俭的，你可把这衣与他看，使他知我平素曾穿这等衣服，不得过求华美也。"

大抵创业之君，亲历艰苦，知民间衣食之难，爱惜撙节，人又瞒他不得，是以取于民者有制，而用常有余。后来子孙生长富贵，若非聪明特达者，易流于奢靡，轻用财帛，而人又欺瞒得他，冒破侵剋取于民者日多，而用反不足，至于横征暴敛，民穷盗起，危其国家，此宋高祖示戒之意也。继体之君，若能取法祖宗，自服御之近，以至一应费用，必考求创业时旧规，要见当初每年进出几多，后来每年进出几多，在前为何有余，后来为何不足，把那日渐加增之费一一革去，则财用自然充积，赋敛可以简省，民皆安生乐业，爱戴其上，而太平可长保矣。

释评 本文为《帝鉴图说》上篇第三十七节，出自《宋书·徐湛之传》，记述南朝宋高祖刘裕留下微贱时所穿的补丁衣服，告诫后人不要奢侈的故事。大意是，高祖刘裕微贱时，曾常去新洲砍伐芦荻，有一件补丁衫袄，是妻子臧皇后亲手做的。他做了皇帝以后，将这件衣服交给长女会稽公主说："后代有生活放纵、奢侈不节俭的人，就把这件衣服拿给他看。"

留衲袄戒奢，反映了宋高祖的优秀品德。纵观几千年的历史进程，那些有作为的封建统治者，身上一般都具有这种令人称道的品德素养。这种轻物欲、恤百姓的品德，具有强大的感召力和人格魅力，因此深得人心，进而能够赢取天下。

然而，勤俭朴素的优秀品德绝不是凭空产生的，而是在长期艰难困苦的岁月中磨炼出来的。其后世子孙没有经历过祖先的困苦，又岂能凭借一件衣服就感同身受呢？作为一国之君，若不能戒奢从俭，势必会造成穷奢极欲、纸醉金迷的不良风气，最终凝结为戕害天下的毒瘤。南朝宋的继任君主大多骄奢，甚至有刘骏这种笑祖俭德之辈，最终导致帝难为帝、国将不国。

仁德八

览图禁杖

原文 唐史纪：太宗览《明堂针灸图》，人五脏之系，咸附于背。诏自今毋得笞囚背。

张解 唐史上记：太宗一日看《明堂针灸图》，这书是医家针灸治病的方法，内有个图形，说人腹中心、肝、脾、肺、肾，五脏的系统，皆附贴于脊背，太宗观览此图，思想起来，打人脊背，则五脏震动，或致伤命。遂下诏，令天下问刑衙门，自今以后不许笞杖罪囚的脊背。

盖五刑各有差等，而笞罪为轻，彼罪当处死者，固自有应得之条矣。而于轻罪者复笞其背，使或至于死，诚为不可。太宗天资仁恕，耳目所接，无一不念在生民，故一览医方，而不忍之心遂萌，此诏一出，民之免毙杖下者，不知其几矣。传称太宗以宽仁治天下，而于刑法尤谨，信哉！

释评 本文为《帝鉴图说》上篇第四十三节，出自《新唐书 · 刑法志》，记述唐太宗在贞观四年于刑法方面爱惜人民生命的故事。大意是，太宗观看《明堂针灸图》时，看到人体五脏都紧靠在背部，诏命自今以后，笞刑不得抽打囚犯的脊背。

在古代的刑罚中，笞罪是最轻的一种。但仍有好些人死于刑杖之下，其原因是有些行刑的人借故重打，伤其五脏。这样，就使本非死罪的人死于刑罚，于法极不公道。唐太宗看了《明堂针灸图》，知道人的五脏位置都紧靠背部以后，便下令笞刑不许打罪人的脊背，这样就挽救了许多人的生命。

览图禁杖反映了唐太宗的治国理念和政治智慧，传达了儒家思想中为君的核心价值。正是唐太宗有体恤万民的仁德之心，才能引导国家走向繁荣。

仁德九

纵囚归狱

原文

唐史纪：太宗亲录系囚，见应死者悯之，纵使归家，期以来秋就死。仍敕天下死囚皆纵遣，至期来诣京师。至是九月，去岁所纵天下死囚，凡三百九十人，无人督率，皆如期自诣朝堂，无一人亡匿者。上皆赦之。

张解

唐史上记：太宗尝亲自审录罪囚，见那该死的囚犯，心里怜悯，不忍杀他，都放他回家，看父母妻子，限到明年秋间，着他自来就死。因此又敕令法司，将天下死囚也都暂放还家，亦限至明年秋里自来赴京。及至次年秋间，前时所放的罪囚，共三百九十人，都感太宗不杀之恩，不要人催督帅领，个个都照依期限，齐到朝堂听候处决，没一个逃亡隐匿下的。太宗见这些囚犯依期就死，终不忍杀，尽皆赦之。

夫死者人之所甚惧，而犯死之人，必天下之恶人也。人君一施恩德遂能感激至此，使其死且不避，则人之易感者可知，而凡可报君之德者，必无所不用其情矣。然则，人君之治天下，其必以恩德为务哉。

释评

本文为《帝鉴图说》上篇第四十五节，出自《新唐书·刑法志》，记述唐太宗赦免死囚的故事。大意是，唐太宗亲自审查记录囚犯罪状的卷宗，对应该被处死的人很怜悯，便放他们回家，限来年的秋天前来服刑，还命令放全国所有死囚都回家，都限来年的秋天到京城来。到了九月，凡是去年所放归的死囚一共三百九十人，即使没有人监督率领，也都按期限来到朝廷的大堂上，没有一个人逃亡。唐太宗全都将他们赦免了。

欧阳修在《纵囚论》中说："唐太宗向天下布施恩德，到这时已经六年了，还不能使小人不做罪大恶极的事；然而一天的恩德，却能使他们视死如归，保存信义，这实在是讲不通。"

唐朝是儒家治国，而在儒家的吏治理念中，"仓廪实而囹圄空"是理想社会的重要特征，当政治清明、社会安定时，必定出现"民亡盗贼""囹圄空虚"的情况。

唐太宗弑兄杀弟，逼父禅让，面对巨大的伦理压力与严重的合法性危机，迫切需要在国家治理方面做出一番突出政绩。通过"纵囚归狱"，唐太宗收获了名望，囚犯获得了重生。唐太宗这样的仁德，只能说是"救时仁德"。

仁德十

焚锦销金

原文

唐史纪：玄宗以风俗奢靡，制："乘舆服御、金银器玩，令有司销毁，以供军国之用，其珠玉、锦绣，焚于殿前，后妃以下，皆毋得服珠玉锦绣，天下更毋得采珠玉、织锦绣等物。罢两京织锦坊。"

张解

唐史上记：玄宗初年，因见当时风俗奢侈华靡，心甚恶之，欲痛革其弊，乃诏：凡上用服御器玩，系是金银装饰打造的，令有司尽行销毁，却将这金银就充朝廷军国的费用。其内府所积珠玉锦绣，都取在殿前用火烧了，以示不用。又以后宫不先禁止，外面人未免效尤，乃诏后妃以下，勿得用珠玉锦绣为服饰。又诏天下官民人等，再不许采取珠玉、织造锦绣等物。两京旧日，有织锦坊，也命撤去了，不复织造。

盖珠玉锦绣，徒取观美，其实是无益之物，人君喜好一萌，必至征求四方，劳民伤财，无所不至。又且天下化之，习尚奢侈，渐至民穷财尽，贻害不小。玄宗初年刻励节俭如此，所以开元之治，大有可观，到后来还不免以奢取败。可见靡丽之物，容易溺人，而人主持志不可不坚也。

释评

本文为《帝鉴图说》上篇第五十二节，出自《资治通鉴》卷二百一十一唐纪二十七，记述唐玄宗即位之初，反对奢侈浪费，销毁金银器玩和禁服珠玉锦绣的故事。大意是，唐玄宗即位后，因为社会上有奢侈浪费之风，下令说："皇帝的车马服用，凡是用金银制造的，命令有关衙门销毁，作为国家军需之用。那些珍珠玉石、精美华丽的丝织品，都集中到大殿前烧掉。皇后与妃子以下，都不许戴珠玉、用锦绣，全国再不许采买珍珠美玉和织造锦绣等物。撤销长安和洛阳的织锦坊。"

唐玄宗继位初年，励精图治，有超越太宗之志，故而刻励节俭，事事以唐太宗为榜样，终于成就了开元之治。然而，大唐极盛之后，唐玄宗自觉天下地上唯己独尊，古往今来无人能比，不免骄奢滥赏，终致安史之乱。

人性是好逸恶劳的，特别是在志得意满之后，意志更容易被外物所消磨。所以只有常怀警惕之心，内省自身，才能避免沉沦。

仁德十一

兄弟友爱

原文

唐史纪：玄宗素友爱，初即位，为长枕大被，与兄弟共寝，饮食起居，相与同之。薛王业有疾，上亲为煮药，火燃上须，左右惊救之，上曰："但使王饮此药愈，须何足惜。"

张解

唐史上记：玄宗与他兄弟诸王，极相友爱，到做了天子，也不改变，初登宝位，即制为长枕大被，与诸兄弟们一处宿歇，饮食行坐，都不相离。少弟薛王名业，曾染疾病，玄宗自已替他煎药，垆内火被风吹起来，烧着玄宗的须，左右惊慌上前救之，玄宗说："但愿薛王服药，病得痊可，我之须何足惜。"其友爱之切如此。

夫兄弟本是同胞所生，故大舜待弟，亲之欲其贵，爱之欲其富，至于一忧一喜，莫不与共。玄宗身为天子，能这等笃于友爱，亦可谓贤君矣。

释评

本文为《帝鉴图说》上篇第五十四节，出自《资治通鉴》卷一百一十一唐纪二十七，记述唐玄宗即帝位后，仍与诸兄弟共寝、互相友爱的故事。大意是，唐玄宗一向待人友爱，初做皇帝后，仍做一个长枕头和大被子，与兄弟们共同睡眠，吃喝行动都在一起。薛王李业有病，玄宗亲自煎药，煮药时火把胡须烧了，左右侍奉他的人连忙去救，玄宗说："只要薛王吃了这药病好了，我的胡须有什么可惜呢。”

唐玄宗继位之初，能与兄弟共寝、相互友爱，晚年却能对自己的儿子痛下杀手，无比冷漠，这种转变，让人感觉唐玄宗好似变了一个人。

其实唐玄宗无论是前期对兄弟平等友爱，还是后期诛杀三子，都只是为了巩固自己手中的权力而已。前期唐玄宗经历武周以来的残酷政治斗争后，为了减少皇室内部矛盾，有助于国家安定，因此向天下臣民做出兄友弟恭的表率，有利于大唐的社会稳定和道德教化。后期唐玄宗诛杀三子，也只是为了手中的权力不被夺走，继续维持统治罢了。

仁德十二

遣使赈恤

原文

唐史纪：宪宗四年，南方旱饥，命左司郎中郑敬等为江淮、两浙、荆湖、襄鄂等道宣慰使，赈恤之。将行，上戒之曰：“朕宫中用帛一匹，皆籍其数，惟赒救百姓，则不计费。卿辈宜识此意，勿效潘孟阳饮酒游山而已。”

张解

唐史上记：宪宗四年，南方大旱，百姓饥荒。宪宗命左司郎中郑敬等为江淮、两浙、荆湖、襄鄂等处各道宣慰使之官，分头去赈济饥民。郑敬等奉命将行，辞朝。

宪宗戒谕他说："朕于宫中用度，虽一帛之微，必登记其数，惟恐浪费，独于赒济百姓，则不计所费，虽多弗惜，盖以民命为重，必使百姓受惠，而库藏盈缩，所以不暇计也。卿等此行，宜体朕此意，凡所至饥荒之处，务要量其轻重，备查户口，逐一散给，必使百姓每个人都沾实惠才好。若前此所遣潘孟阳出去只饮酒游山，而以赈济委之他人，全不体朝廷爱民之意，深负委托，卿等切勿效之。"

盖国依于民，而民依于食，使民有饥荒，而不为赈恤，则死者固多，而民心亦离散矣！将何以为国乎？宪宗有见于此，故薄于自奉，而厚于恤民，可谓知用财之道，得保邦之本矣！宜其为有唐之令主也欤！

释评

本文为《帝鉴图说》上篇第六十节，出自《资治通鉴》卷二百三十七唐纪五十三，并见于《新唐书·潘孟阳传》，记述唐宪宗及时派遣使臣赈济灾民的故事。大意是，唐宪宗元和四年，南方大旱，百姓饥荒，皇上于是命左司郎中郑敬等人，为江淮、两浙、荆湖、襄鄂等各道的宣慰使，去赈济抚恤他们。将要出发，皇上告诫他们说："我在宫里用一匹帛都要登记账目，唯独对周济百姓的费用不计。你们应当体会朝廷的意思，不要效仿潘孟阳只是吃酒游山而已。"

遣使赈恤是古代的一种救济措施，指的是派遣使者或官员去救济或抚慰受灾或贫困的人民。这一措施旨在以钱物救济贫苦或受灾的人，体现了古代社会对于弱势群体的关怀与帮助。遣使赈恤不仅是一种经济上的援助，也是一种政治上的策略，通过了解民情、观察风俗、评估政策的效果，以及检查刑罚是否过于苛刻，来维护社会的稳定和皇权的合法性。

唐宪宗斥责潘孟阳，是因为历史上比较有头脑的君臣都懂得民为邦本这个道理。

仁德十三

延英忘倦

原文

唐史纪：宪宗尝与宰相论治道于延英殿，日旰暑甚，汗透御服，宰相恐上体倦，求退。上留之，曰："朕入宫中，所与处者，独宫人近侍耳。故乐与卿等且共谈为理之要，殊不知倦也。"

张解

唐史上记：宪宗励精图治，尝与宰相讲论治天下的理论于延英殿，直到日暮尚未还宫。天气又甚暑热，汗透了皇上的袍服。宰相李绛、裴度恐上御体劳倦，因求退出。宪宗留之，说道："朕回到宫中，所与相处者，不过是宫女及左右近侍耳。安得对贤士，闻正言？所以每日喜与卿等且共谈论为治的要务，甚是有益，不知疲倦也。"

夫人君一日之中间，事有万几，须是常常接见贤臣，从容讲论，方得停当。所以尧舜之时，君臣一体，都俞吁咈于一堂之上。文王自朝至于日中昃，不遑暇食，万世称为圣明之君。今观宪宗之勤政如此，亦可谓知君者，宜其能削平僭乱，所向归服，有光于前烈也。

释评

本文为《帝鉴图说》上篇第六十一节，出自《资治通鉴》卷二百三十八唐纪五十四，并见于《新唐书·李绛传》，记述唐宪宗与宰相在延英殿讨论治道不知疲倦的故事。大意是，宪宗曾在延英殿与宰相议论治理天下之道，直到太阳偏西。当时天气炎热，汗水湿透皇上的衣服，宰相担心皇上身体疲倦，请求退下。皇上留住他们说："我回到宫里，所与相处的人，只是宫女、宦官。所以，喜欢和你们共同议论治国之道的要领，根本不知道疲倦。"

这个故事强调了君臣之间在治理国家过程中的紧密合作和深入讨论的重要性。唐宪宗通过与宰相们的交流，不仅获得了治理国家的智慧，也加深了对治国理念的理解。这种君臣之间的互动，被视为古代治理国家的典范，体现了古代中国对于君主与大臣之间合作共治的理解与重视。

仁德十四

解裘赐将

原文

宋史纪：王全斌之伐蜀也，属汴京大雪，太祖设毡帏于讲武殿，衣紫貂裘帽以视事。忽谓左右曰："我被服如此，体尚觉寒。念征西将士，冲冒霜雪，何以堪处？"即解裘帽，遣中使驰赐全斌。仍谕诸将曰："不能遍及也！"全斌拜赐感泣，故所向有功。

张解

宋史上记：太祖遣大将王全斌帅师征蜀。时冬月天寒，京城大雪。太祖设毡帏于讲武殿中，身穿着紫貂裘，头戴着紫貂帽，临朝视事。忽然谓左右说："我穿戴这般样温暖的物，身上尚觉寒冷！想那西征的将士，冲冒霜雪，又无有这样衣服，怎么当得这等寒冷！”即时将所服裘帽解下，遣中使马上赍去，赐与全斌。又晓谕他部下的将士，说：“诸将寒苦，朝廷无不在念，奈裘帽有限，不能人人遍及也。”于是全斌拜受赐物，感激泪下。诸将亦皆感激，相与戮力图报，故所向皆捷，卒能平定西蜀。

夫宋太祖有解衣之恩，及于将帅，遂能得其死力，成功如此。可见人主要边将成大功，不可不体其情，厚其赏，以劝之也。

释评　本文为《帝鉴图说》上篇第六十七节，出自《续资治通鉴长编》卷五，并见于《宋史·王全斌传》，记述宋太祖感冬暮雪寒，立即解衣赐给西征将士的故事。大意是，王全斌伐蜀之际，适值汴京大雪。太祖设毛毡帐幕在讲武殿，穿着紫貂的皮衣皮帽处理政事。忽然对身边的人说：“我穿着这样，身上还觉得寒冷。想念西征将士，冒着霜雪冲击，怎么承受？”说着，就脱下貂皮衣帽，派遣宦官马上赐给全斌，并告诉诸将：“（奈何裘帽有限）不能所有的人都给予了！”全斌拜谢，感动得流泪，因而以后打仗很勇猛，勇立战功。

宋太祖素有好名声，说他对待属下宽厚仁义。史书上讲赵宋忠义之士特别慷慨激昂，也与此有关。宋太祖觉着自己身上冷了，就立即想到征西前线的将士，立即派人不顾路途崎岖，送去自己身上穿的貂皮衣帽，同时写了一道手谕给王全斌及其手下将士：虽然皮衣皮帽有限，不能人人发一套，但是将士们的辛苦，我记在心里，我向大家表示诚挚的慰问。这封手谕传到军前，众将士特别感动，士气大振，西蜀战场捷报频传。

从管理学上讲，这叫“关心一个人，温暖一群人”，这种以点带面的工作方法在很多时候非常奏效。

仁德十五

戒主衣翠

原文

宋史纪：永宁公主尝衣贴绣铺翠襦入宫中。太祖谓曰："汝当以此与我，自今勿复为此饰。"公主笑曰："此所用翠羽几何？"太祖曰："不然。主家服此，宫闱戚里必相效。京城翠羽价高，小民逐利，展转贩易，伤生浸广，实汝之由。汝生长富贵，当念惜福，岂可造此恶业之端？"公主惭谢。

张解

宋史上记：太祖的女永宁公主，曾穿一领贴金铺翠的襦（襦，短衣也。）入宫中。太祖嫌其奢侈，向公主说道："汝可解此襦与我。自今以后，再不要如此装饰。"公主笑说："此襦所用翠羽几多，而官家以为过费。"太祖说道："我之意非专为汝一襦而惜也。主家既穿此衣，宫中妃嫔，及皇亲贵戚每看见，必都相仿效，所用翠羽必多，京城中翠羽之价必贵。百姓每逐利，见此物可以取利，必然都去捕捉那翠鸟，展转贩卖，杀生害命，皆汝此衣有以致之。其罪过多矣。汝生长富贵，不知艰苦，须当思爱惜受用，以图长久。岂可造此恶业之端，自损己福耶！"公主见太祖说得激切，乃惶恐谢罪。

夫宫闱之好尚，系四方之观法，古语说道："宫中好高髻，四方高一尺；宫中好广眉，四方且半额；宫中好大袖，四方至匹帛。"言好尚之不可不慎也。若宫闱之中，服饰华丽，用度奢侈，则天下化之，渐以成风，坏风俗，耗财用，折福损寿，其害有不可胜言者矣，岂但如宋祖所谓戕害物命而已哉！大抵创业之君，阅历艰辛，唯恐享用太过。后世子孙，且有鄙而笑之者矣！吁！可不戒哉！

释评

本文为《帝鉴图说》上篇第七十节，出自《续资治通鉴长编》卷一十三，记述宋太祖指责公主，勿复穿翠羽衣襦的故事。大意是，永庆公主曾穿着用翠鸟羽毛制成的短袄进入宫中。太祖对她说："你应当把这件衣服给我，从今以后不要再这样装饰。"公主笑道："这件衣服所用的翠羽才有多少？"太祖说："不然！主家穿这样的衣服，宫廷贵戚之间必定互相效仿，京城翠羽价格就要提高，小百姓追逐私利，辗转贩卖，伤害生灵的事就逐渐扩大，实际是由你带的头。你生长于富贵家庭，应该珍惜福分，怎能带头做坏事呢？"公主惭愧地谢罪。

宋太祖生活俭朴，一贯反对奢侈，看见女儿身着翠鸟羽毛做的衣服不喜，并且有见微知著的远见卓识，这是开国明君基本都能够做到的。但宋太祖又有宽仁的长者之风，谆谆告知其中的隐患，耐心教育，而并不以家长、皇权逼迫女儿放弃。如若年少登基的帝王们都能受到父亲如此教育，狂悖之徒可能会少很多吧。

仁德十六

不喜珠饰

原文

宋史纪：仁宗宫中颇好珠饰。京师珠价腾涌，上患之。一日上在别殿，妃嫔毕集，所幸张贵妃至，首饰皆珠。上望见，举袖掩面，曰："满头白纷纷的，没些忌讳。"贵妃惭，起易之，上乃悦。自是禁中更不戴珠，珠价大减。

张解

宋史上记：仁宗时，宫中人好以珠为首饰，采买者多。因此京师中珍珠登时涨起价来。仁宗恐宫中相尚不已，风俗趋于侈靡，思量要革减。一日在别殿上游赏，诸妃嫔们都在左右。有个宠幸的张贵妃到来，头上的头饰都是珍珠。仁宗望见，故意把袖子遮了脸不看她，说道："满头插得白纷纷的，近于不祥之象，好没些忌讳。"张贵妃惭愧，慌忙退去，摘下珍珠首饰，换了别样首饰来，仁宗方才喜悦。从此宫中人只说仁宗厌忌此物，再不敢戴它。京师里珠价登时大减。

夫珠玉珍宝，饥不可食，寒不可衣，而铢两之间，其价不赀。糜费民财以供一时之玩，何益于用？故明君贵五谷而贱珠玉，盖不以无益害有用也。然亦系于人主之好尚何如。观仁宗一言，而珠价顿减，岂待于法制禁令哉？

释评

本文为《帝鉴图说》上篇第七十五节，出自宋代马永卿编《元城语录解》卷中，并见于宋代胡仔撰《苕溪渔隐丛话》后集卷、丁传靖辑《宋人轶事汇编》卷一，记述宋仁宗斥责张贵妃奢侈浪费的故事。大意是，宋仁宗宫里的人很喜好珍珠装饰，致使京城的珍珠价格猛涨，皇上很担心这种现象。一天，皇上在别殿，妃嫔们全都到了，仁宗特别宠幸的张贵妃来时，首饰竟是满头珍珠。皇上远远看见，抬起衣袖遮住脸说："满头上白花花的，没个忌讳！"张贵妃感到惭愧，起身去换掉了，皇上这才欣悦。此后，宫里人再也不敢戴珍珠，珍珠的价格也就降下来了。

宋仁宗的确是个作风良好的皇帝，贵为天子却能严于律己，体恤民生，不怎么讲究生活用度。

两宋之交的学者施德操《北窗炙輠录》中收录着宋仁宗一段"名言"：一天深夜，禁宫中飘来市井酒楼作乐嬉笑之声，有宫人羡慕民间的热闹，抱怨宫中清冷。宋仁宗反问："汝知否？因我如此冷落，故得渠如此快活。我若为渠，渠便冷落矣。"意思是说，因为宫中不竞奢华、冷冷清清，民间才能富足安乐。如果宫里尽日寻欢，那百姓们就该吃苦了。

正是宋仁宗有着体恤民生之情，所以才故意打落珍珠的价格，可谓仁矣。

仁德十七

夜止烧羊

原文

宋史纪：仁宗尝语近臣，昨因不寐而饥，思食烧羊。曰："何不取索？"曰："恐遂为例。可不忍一夕之饥而启无穷之杀。"或献蛤蜊二十八枚，枚千钱，曰："一下箸费二十八千，吾不堪也。"

张解

宋史上记：仁宗一日对近臣说："朕昨夜因睡不着，腹中觉饥，想些烧的羊肉吃。"近臣因问说："何不令人取进？"仁宗说："恐膳房因此遂为定例，夜夜里办下烧羊，以备取用，则伤害物命必多。岂可咨口腹之欲，不忍一夕之饥，而忍于戕害无穷之生命乎！"因此遂止。又一日有献蛤蜊二十八枚者，说一枚价值钱千文。仁宗说："这一下箸之间，就费了二万八千文钱，似此享用无度，我岂能堪。"遂不受其献。

仁宗在宋朝最为仁厚之主，观其不忍害物如此，则其不忍于伤民可知。故能致治升平，而享祚悠久也。

释评

本文为《帝鉴图说》上篇第七十八节，出自魏泰《东山笔录》卷一、陈师道《后山谈丛》卷四，记述宋仁宗爱惜民力，宁肯饿一夜肚子也不肯做烧羊吃的故事。大意是，仁宗一天对近臣说："昨天晚上因为睡不着觉而肚子饿，想吃烧羊肉。"近臣说："为什么不令人去取？"仁宗说："我怕由此成为定例，夜夜要做。岂能因为不能忍受一晚上的饥饿而无穷地杀害生命。"一次有人进献蛤蜊二十八枚，每枚值一千钱。仁宗说："这一顿饭就要费二万八千钱，我不能忍受。"

宋朝讲究的是君臣共治。这样的制度，对于一位传统意义上的"雄主""大帝"来说可谓灾难，但对宋仁宗这种性格平和、硬实力不突出的守成之君却十分适宜。《论语》云"克己复礼，天下归仁"，宋仁宗的治国之道正是如此，一方面遵循祖宗法度，"事无大小，悉付外廷议"；一方面发扬个人的良好修为和自律精神，带头温良恭俭让，营造一派和睦的政风，有时自己受些委屈也不以为意。

宋仁宗晚上宁肯饿一夜肚子也不肯做烧羊吃，知道进献的蛤蜊太贵也不吃，都是为了表明体恤百姓、珍惜劳力的态度。

仁德十八

后苑观麦

原文

宋史纪：仁宗幸后苑，御宝岐殿观刈麦，谓辅臣曰："朕作此殿，不欲植花卉而岁以种麦，庶知稼穑之不易也。"

张解

宋史上记：仁宗留意农事，宫中后苑里有空地，都使人种麦，又于其地建一小殿，名叫宝岐殿。麦一茎双穗谓之岐，此丰年之祥，最宜宝重，故以为殿名。每年麦熟时，仁宗亲自临幸后苑，坐宝岐殿看人割麦，谕随驾的辅臣说道："宫殿前似当栽植花卉，以供赏玩，今朕造此殿，独不种花卉，但年年种麦，此是何故？盖以我深居九重，无由知稼穑之艰难，所以种麦于此，要看他耕种耘锄，庶几农家之苦，时时在吾目中也。”

大抵四民中，惟农为最苦，春耕夏耘，早作暮息，四体焦枯，终岁勤动，还有不得一饱食者。古人有诗云：“锄禾日当午，汗滴禾下土。谁知盘中餐，粒粒皆辛苦。”真可谓格言矣。古之贤君知此，所以极其悯念民力为赈恤，而民卒受其福，后世人主生长富贵，不知稼穑为何物，荒淫佚乐，惟恐不暇，而何暇恤农也。仁宗以天子之尊，亲临农民之事，知惓惓于稼穑如此，则其恭俭仁恕，卓越近代，不亦宜乎！

释评

本文为《帝鉴图说》上篇第七十九节，出自《续资治通鉴长编》卷一百六十六，记述仁宗于后苑内观看割麦，亲知稼穑的故事。大意是，仁宗到后花园去，坐在宝岐殿观看收麦。对身边的大臣说：我建立这座殿，殿前不种植花和草，每年种上麦，可以了解耕种和收获的困难。

古代中国在法律上赋予农业以最崇高的地位，通过制定法律和政策来强调农业的重要性。农业兴旺、农民安定则国家统一、社会稳定；农业凋敝、农民不稳则国家分裂、社会动荡。因此，重视农业生产，处理好国家、农民与耕地的关系，历来都是治国安邦的一项重要工作。

宋仁宗不在皇宫的后苑种花卉而种麦子，到麦熟时亲自观看割麦，就是为了了解从耕种到收获的全部过程。这说明宋仁宗在心里有老百姓，想了解老百姓种庄稼的艰难，这比那些追逐声色犬马、嬉戏终日的皇帝好得太多了。

仁德十九

轸念流民

原文

宋史纪：神宗时东北大旱，诏求直言。郑侠上《流民图》，疏奏，帝反复观图，长吁数四，袖以入内，是夕寝不能寐。翌日遂命开封体勘新法不便者，凡十有八事罢之，民间欢呼相贺。是日果大雨，远近沾洽。

张解

宋史上记：神宗时行了王安石的新法，扰害百姓，民不聊生，到熙宁七年（1074年）间，天又大旱，年岁饥荒，东北一带的百姓都流移转徙，死亡离散，其艰难困苦之状，实为可怜。那时有一个官是光州司法参军，叫作郑侠，因考满赴京，在路上看见那流民的模样，心甚不忍，说道："小民这等穷苦，朝廷如何知道？"乃照那样子画一本图形，叫作《流民图》，其中有采树叶、掘草根充饥的，有衣衫破碎、沿途讨吃的，有饿死在沟渠的，有扶老携幼流移趁食的，有恋土不去，被在官公人比较差徭拷打枷锁的，有拆屋卸房鬻儿卖女变价纳官的，一一都画将出来。至京之日，将这图本进在御前，奏说："只因新法不善，致得百姓这等，伤了天地的和气，所以久旱不雨。如今要天降雨，需是把新法革去不行才好。"神宗将此图反复看了几遍，才晓得新法之害与民间之苦如此，甚是感伤懊悔，长叹数回，袖了入宫，一夜不能睡着。到明日，传旨着在京开封府官，查那新法为民害者共有一十八件，都罢革不行。当时京城内外的百姓，听说如此，以为从此得生，人人欢呼相庆。即日天果大雨，处处田苗俱各沾濡充足。

夫人君一去敝政，便能感动天地如此，可见为民祈祷者，在实政，不在虚文，而祖宗旧法慎不可轻变也。

释评

本文为《帝鉴图说》上篇第八十节，出自《宋史·郑侠传》，记述郑侠上《流民图》，宋神宗纳谏罢黜王安石新法的故事。大意是，宋神宗时，东北方大旱，下诏征求直言，郑侠上《流民图》的奏书，皇帝反复观看，长叹多次，把图置于袖内回宫，这天晚上睡不着觉。第二天宋神宗便命令开封府查看新法有哪些不便于百姓的地方，并将查出的十八件废除了，引得老百姓互相庆贺，这天果然也下了大雨。

王安石变法是宋代一个重大政治事件，变法的失败，导致了宋朝的国势贫弱。王安石的新法就其内容来说是好的，为了抑制豪强、富国强兵，但在实施过程中某些做法的错误和用人不当，像青苗法、免役法对老百姓扰害很大，遭到保守派和老百姓的反对。这本与自然现象无关，但郑侠在上《流民图》的奏折中，却说这是由于新法不便于民，伤了天地和气，所以久旱不雨。不过郑侠的《流民图》真实地反映了百姓当时的困苦状况，让朝廷了解并设法解了燃眉之急。

第五章

尚学

尚学一

过鲁祀圣

原文 汉史纪：高帝击淮南王黥布，还过鲁，以太牢祀孔子。

张解 西汉史上记：汉高帝因淮南王黥布谋反，自领兵征之，擒了黥布，得胜回还，经过山东曲阜县，乃旧鲁国，是孔子所生的地方，有孔子的坟墓，高帝具太牢牲礼，亲拜祭之。

夫孔子虽是大圣，其官不过鲁国的大夫，自孔子殁后，战国之君，皆不知尊信其道，及秦始皇又焚烧其书。高帝以天子之尊，方用兵征伐之际，就知崇儒重道，且用太牢，与社稷宗庙的祭礼一样，后世人君尊敬孔子，实自高帝始。其好尚正大如此，宜其为一代创业之君也。

释评 本文为《帝鉴图说》上篇第十六节，出自《汉书·高帝纪》，记述汉高祖刘邦以帝王身份首次祭孔的故事。大意是，汉高祖刘邦带兵讨伐淮南王黥布，凯旋之时，经过鲁国，用太牢之礼祭祀了孔子。

草莽出身的汉高祖即位之初对儒学、儒生非常厌恶，“沛公不好儒，诸客冠儒冠来者，沛公辄解其冠，溲溺其中。与人言，常大骂”。但灭掉项羽围攻鲁城之时，鲁城人为主尽忠的义举，对不喜儒的汉高祖产生不小的震撼，他也希望自己的部下对自己能如同鲁城人对待项羽般尽忠。高祖既得天下，在治理国家的过程中，由于儒臣的引导和一系列现实社会问题的逼迫，这个曾经对儒生极尽侮辱的皇帝，逐渐转变了态度。所以，他在汉高祖十二年（前 195）十一月，以高规格礼仪祭祀了孔子。

尚学二

诏儒讲经

原文

汉史纪：宣帝时，诏诸儒讲“五经”同异，萧望之等平奏其议，上亲称制临决焉。乃立梁丘《易》、大小夏侯《尚书》、穀梁《春秋》博士。

张解 西汉史上记：宣帝好文，见得“五经”所言，都是修身治天下的大道理。自经秦人烧毁一番，到今表彰之后，虽已渐次寻出，但诸儒传授互有异同，不得归一；

而诸家传注，亦且各以为是，无一定之说。因此诏诸儒臣讲究“五经”异同，如经文有不同的，便要见谁是真传、谁是错误；传注有不同的，便要见某人说的与经旨相合、某人说的与经旨相悖。又命萧望之等评论他们讲究的谁是谁非，奏闻于上，上亲称制临决，而裁决其可否。这“五经”中，定以先儒梁丘贺传授的《易经》，夏侯胜、夏侯建传授的《尚书》，穀梁俶传授的《春秋》为真当。于是将这三经各立博士之官，着他教习弟子，以广其传。其《诗》《礼》二经，盖先已有定论，故不述也。

自宣帝以来，“五经”如日中天，传之万世，为治天下者之准则，其功亦大矣。

释评

本文为《帝鉴图说》上篇第二十七节，出自《汉书·宣帝纪》，记述汉宣帝诏儒讨论修订儒家经传的故事。大意是，汉宣帝在位时，下诏令各派儒者讲论“五经”的同异，让萧望之等人公允评论，然后将情况上奏给汉宣帝，宣帝再行裁决。

汉宣帝时期，儒家的几部主要经典《诗》《书》《易》《礼》《春秋》各家解说繁多，相互之间歧义很大，汉宣帝为了进一步统一对这些经典的认识，便请当时任太子太傅的儒者萧望之于石渠阁主持会议，评判五经异同。立博士官教习子弟，对儒学的发展起了很大的推动作用。

尚学三

夜分讲经

原文

汉史纪：光武数引公卿郎将，讲论经理，夜分乃寐。皇太子见帝勤劳不怠，乘间谏曰："陛下有禹汤之明，而失黄老养性之福，愿颐养精神，优游自宁。"帝曰："我自乐此，不为疲也。"

张解

东汉史上记：光武皇帝退朝之后，常常引公卿及郎将之有经学者，与之讲论经书中的义理，至于夜半，方去歇息。皇太子见帝讲论劳苦，恐过用了精神，乘空进谏说："陛下励精图治，固有大禹成汤之明，而形神过劳，昧于黄帝老子养性之福，愿颐养爱恤此身之精神，使常优游自宁，不可过于劳役。"光武说："经书中义趣深长，我只见得这件事可乐，故常与群臣讲论，不为疲倦也。"

盖治天下之道，具于经书，而天下之可乐，莫如务学。光武虽以征伐中兴，然非讲明治道，则虽有天下，未易守也。惟光武有见于此，而急于讲求，故能身致太平，而遗东汉二百年之业，其得于经理之助多矣。

释评

本文为《帝鉴图说》上篇第三十一节，出自《后汉书·光武帝纪》，并见于《资治通鉴》卷四十四汉纪三十六，记述光武帝刘秀勤于读书，与大臣讨论经史至夜半而不知疲倦的故事。大意是，光武帝多次领公卿郎将讲论经书中的道理，直到夜半才去休息。皇太子看见皇帝勤劳不知疲倦，劝谏说："陛下你有大禹和商汤的明断，却不懂得黄帝和老子修身养性的福分，希望你保养元气，悠闲自得。"皇帝说："我正是以此为乐，不会疲倦的。"

对光武帝来说，治理国家大事的道理都在经书之中，而天下最快乐的事，莫过于学习经书。光武帝虽以武力建立帝业，但在天下安定之后，并不重用有功的武将，反而提拔文官。他清醒谨慎地制定国策，大权总揽，审时度势，量力而为，措施得当，所以能恢复前代的功业，在有生之年实现了天下太平。

尚学四

临雍拜老

原文

汉史纪：明帝幸辟雍，初行养老礼，以李躬为三老，桓荣为五更。礼毕，引桓荣及弟子升堂，上自为辩说，诸儒执经问难于前，冠带搢绅之人，圜桥门而观听者，盖亿万计。

张解

东汉史上记：明帝初登极时，幸辟雍，行古养老之礼。辟雍即是今之国子监，古来养老，有三老五更名色。三老是年高有德的，五更是更历世事的，明帝举行古礼，以其贤臣李躬为三老，以其师傅桓荣为五更。行礼既毕，乃引桓荣等及辟雍中的生徒弟子，进入堂上，亲与他讲解经义，诸弟子亦手执经书，向帝坐前，问所疑难。其时冠带搢绅之人，罗列在辟雍桥门外，观礼听讲者，有亿万多人，其崇尚教化，而感动人心如此。

释评　本文为《帝鉴图说》上篇第三十三节，出自《后汉书·显宗孝明帝纪》，并见于《资治通鉴》卷四十四汉纪三十六。记述汉明帝刘庄到太学行养老礼、礼贤下士共同讨论经书的故事。大意是，明帝亲到太学，第一次举行养老礼，封李躬为三老，桓荣为五更，行礼完毕，便领桓荣和学生们到厅堂上去。明帝自己讲说，儒生们手拿经书，向明帝问所疑难。官绅和士大夫环绕在太学桥门外，观看听讲者，成千上万。

从汉光武帝开始，东汉的皇帝们致力于形成所谓“秦制一儒教”体制。无论是光武帝夜分讲经，还是汉明帝临雍拜老，都是为了维护这套体制，保证刘氏江山永固。

尚学五

弘文开馆

原文

唐史纪：太宗于弘文殿，聚四部书二十余万卷，置弘文馆于殿侧。精选天下文学之士虞世南、褚亮、姚思廉、欧阳询、蔡允恭、萧德言等，以本官兼学士，令更日宿直，听朝之隙，引入内殿，讲论前言往行，商榷政事，或至夜分乃罢。

张解 唐史上记，太宗于弘文殿内，聚经史子集书四部，有二十余万卷。又于殿旁开设一馆，就叫作弘文馆，精选天下文学之士虞世南、褚亮、姚思廉、欧阳询、蔡允恭、萧德言等，各以原官兼弘文馆学士，处之馆中，还教他轮番宿直。每朝罢，便引世南等到内殿，与他讲论那书中的言语，古人的行事，或商量那时的政事该何如处，常至夜半才罢。

夫太宗以武定天下而好文如此，盖战乱用武，致治以文，太宗有见于此，故能身致太平，而为一代之英主也。

释评 本文为《帝鉴图说》上篇第三十八节，出自《旧唐书·儒学传》，并见于《资治通鉴》卷一百九十二唐纪八，记述唐太宗重视文学讨论政事的故事。大意是，唐太宗在弘文殿聚集经史子集四部书二十多万卷，又在殿旁设立弘文馆，精选天下专长于文学的学者虞世南、褚亮、姚思廉、欧阳询、蔡允恭、萧德言等，以原官兼任弘文馆学士，按日轮流值班。每天朝廷议事之余，即令进入内殿，共同讲论古人的言论与行事，商量处理政事，有时到夜半才停止。

唐太宗设立弘文馆，招纳文人学士讲古论今，与汉光武帝夜分讲经的意图完全相同，都是向古人学习，从而提炼出适合治理当时社会的道理和方法。

尚学六

遇物教储

原文

唐史纪：太宗自立太子，遇物则诲之。见其饭则曰："汝知稼穑之艰难，则常有斯饭矣。"见其乘马则曰："汝知其劳而不竭其力，则常得乘之矣。"见其乘舟则曰："水所以载舟，亦所以覆舟。民犹水也，君犹舟也。"见其息于木下，则曰："木从绳则正，后从谏则圣。"

张解

唐史上记：太宗自立晋王为太子，凡遇一物一事，必委曲诲谕之，以启发他的意志。如见太子进膳，就教之说：农夫终岁勤苦，耕耘收获，种得谷成，方有此饭，汝若用饭之时，即念稼穑艰难，此饭不容易得，推此心去体恤农夫，节省用度，则上天必监汝有惜福之智，而多降天禄，使汝常得用此饭矣。如见太子乘马，就教之说：马虽畜类，亦具知觉之性，所当爱惜，汝若乘马之时，即念此马之劳，驰驱有节，不尽其力，则上天必监汝有爱物之仁，而贵畀万乘，使汝常得乘此马矣。如见太子乘舟，就教之说：水本以载舟，故舟借水以运，然而水亦能覆舟，则舟不可倚水为安，那百姓们就譬之水一般，为君上的譬之舟一般，君有恩德及民，则民莫不戴之为君，若是暴虐不恤百姓，则人亦将视之为寇仇而怨叛之。譬之于水，虽能载舟，亦能覆舟，不可不惧也。如见太子息阴于木下，就教之说：木生来未免有弯曲处，惟经匠氏绳墨，则斫削的端正，可为宫室器物之用。

人君生长深宫，未能周知天下之务，岂能件件不差，惟虚心听从那辅弼谏诤之臣，则智虑日明，历练日熟，遂能遍知广览而成圣人矣。这是《书经》上的说话，不可不知也，唐太宗之教诲太子，其用心谆切如此。盖太子乃天下之本，欲成就其德，惟在教诲周详，所以唐太宗特加意于此，其深谋远虑，真可为万世法矣。

释评

本文为《帝鉴图说》上篇第五十节，出自《资治通鉴》卷一百九十七唐纪十三，并见于《贞观政要》卷四《论教戒太子诸王》，记述唐太宗教诲太子的故事。大意是，太宗自从立太子以后，遇到事物就对他进行教诲。看到太子吃饭就说："你知道种庄稼的艰难，就会常有这样的饭吃。"看到太子乘马就说："你知道马的劳顿，不要使尽它的力气，就会常有马骑。"看到太子乘船就说："水能够载船运行，也能够把船打翻，老百姓就好像水，国君就好像船。"看到太子在树荫下休息就说："木用绳墨可以校正，国君听从规劝就可以变成圣人。"

唐太宗通过日常生活中的各种场景，如用餐、乘马、乘船，向太子传授深刻的道理。例如，通过用餐时的教育，唐太宗告诉太子农夫的辛勤劳动和粮食的珍贵，旨在培养太子对农民的同情心和节约的习惯；通过乘马时的教育，强调对生命的尊重和对自然的敬畏，教育太子要有节制地使用资源；乘船时的教育则通过水能载舟亦能覆舟的比喻，强调君主与民众的关系，告诫太子要重视民心，维护统治的稳定。这些教育不仅体现了唐太宗对太子深厚的爱和期望，也反映了他对治国理政的深刻理解和远见卓识。

尚学七

啖饼惜福

原文

唐史纪：肃宗为太子，尝侍膳，有羊臂臑，上顾太子使割，肃宗既割，余污漫刃，以饼洁之。上熟视不怿，肃宗徐举饼啖之，上大悦，谓太子曰："福当如是爱惜。"

张解

唐史上记：肃宗为太子时，曾在宫中亲侍他父皇玄宗进膳，盖问安侍膳，乃太子之礼也。那席间有一块羊臂臑（臂小节间肥肉也），玄宗欲食之，顾视肃宗，着他亲自割切，肃宗承命，就用刀割切了。因刀刃上有些羊脂污漫，取一块饼，将刀揩得洁净。玄宗见饼乃食物，而以之拭刀为可惜，注目看着他，有不悦之色，肃宗从容举起那饼，放在口中吃了，不敢抛弃，玄宗方才大喜，遂对肃宗说道："凡人福禄有限，应当如此爱惜。"

大抵自天子以至庶人，福分虽有大小，然皆以撙节爱惜而得长久，暴殄糜费，必致短促。譬之井泉，徐徐吸取，则其来无穷，用之不尽，若顿行打汲，则顷刻之间，立见其干竭矣。所以自古圣贤之君，虽尊居九重，富有四海，而常服浣濯之衣，不食珍奇之味，减省服御，爱养民力，故得寿命延长，国祚绵远。彼齐后主、隋炀帝之流，竭万民之膏血，以供一人之欲，如恐不足，一旦福穷禄尽，身丧国亡，岂不可悲也哉。唐玄宗惜福二字，诚万世人主之龟鉴也。

释评 本文为《帝鉴图说》上篇第五十七节，出自唐代李德裕《次柳氏旧闻》，记述唐肃宗遵从玄宗教导吃饼惜福的故事。大意是，唐肃宗做太子时，曾陪玄宗吃饭，有一块羊臂臑，玄宗看着太子让他切割，肃宗切割之后，油脂沾满刀刃，肃宗用饼擦净了。玄宗仔细看着，很不高兴，直到看见肃宗慢慢把饼拿起来吃了，才大喜，对太子说："福分要这样爱惜。"

唐玄宗赞赏唐肃宗吃饼的行为，传达了一个重要的信息：个人的福禄是有限的，应当爱惜。这个行为不仅是对唐肃宗的教导，也是对所有人的告诫。唐玄宗通过这个小小的行为，强调了惜福的重要性，即珍惜和节约资源的重要性。他认为，无论是天子还是普通百姓，都应该通过节约来维持自己的福分和国家的长久。

尚学八

屏书政要

原文

唐史纪：宣宗尝以太宗所撰《金镜书》授翰林学士令狐绹，使读之，至"乱未尝不任不肖，治未尝不任忠贤"。上止之，曰："凡求致太平，当以此言为首。"又书《贞观政要》于屏风，每正色拱手而读之。

张解

唐史上记，宣宗有志法祖图治，他的祖太宗曾将前代治乱兴亡的事迹，编成一书叫作《金镜书》。宣宗一日将这部书授与翰林学士令狐绹，着他在面前诵读。这书中有两句说道："乱未尝不任不肖，治未尝不任忠贤。"说古来天下因什么就乱亡？只为朝廷错任用了那不好的人。他心心念念罔上行私，行的都是蠹国殃民的事。用了这样人，天下安得不乱。天下因什么就平治？只为朝廷能任用着那忠良之臣，他心心念念，竭忠事主，行的都是要富国利民的事。若常用这样人，天下安得不治。宣宗听得令狐绹读到这两句言语，喜其切中事理，就止住他，且莫读。说道，大凡人君要求致太平，须要把这两句说话做第一件紧关的事，着实审察，辨别其孰为君子？孰为小人？果然是奸邪的小人，就当斥远了他；果然是忠贤的君子，就当专心信任他。天下岂有不太平的道理？又见他先朝有《贞观政要》一书，是当年史臣吴兢编载太宗与贤臣魏征等图治的事迹，遂把来写在屏风上，常时正色拱手，一一诵读。

盖以为师法而效仿之也。夫观宣宗留心法祖图治，其切如此，真近代帝王盛事。所以当时称为小太宗，岂虚也哉！

释评

本文为《帝鉴图说》上篇第六十四节，出自《资治通鉴》卷二百四十八唐纪六十四，并见于《新唐书·令狐绹传》，记述唐宣宗法祖图治，认真钻研唐太宗著作的故事。大意是，宣宗曾将唐太宗编撰的《金镜书》交给翰林学士令狐绹，让他诵读，读到"动乱未曾不任用不肖之人，治平未曾不任用忠诚贤德之人"，宣宗让他停下来，说"凡是要求达到天下治平，应当以这句话为首要之点"，并把《贞观政要》的内容写在屏风上，常常严肃、恭敬地阅读它。

《金镜书》和《贞观政要》都是关于唐太宗治国理念的书籍。《金镜书》由唐太宗编写，记录了前代治乱兴亡的事迹，强调任用忠贤的重要性。《贞观政要》则记录了唐太宗与群臣的问答以及当时的法制政令，提供了治理国家的具体方法和策略。唐宣宗通过阅读这些书籍，希望能将自己的施政理念与太宗的智慧相结合，以达到国家的长治久安。

尚学九

竟日观书

原文

宋史纪：太宗勤于读书，自巳至申，然后释卷。诏史馆修《太平御览》一千卷，日进三卷。宋琪以劳瘁为谏。帝曰："开卷有益，不为劳也。朕欲周岁读遍是书耳。"每暇日，则问侍读吕文仲以经义，侍书王著以笔法，葛湍以字学。

张解

宋史上记，太宗勤于读书，每日从巳时看书起，直到申时。然后，放下书卷。诏史馆儒臣，采辑古今事迹，纂修成一书，叫作《太平御览》，共有一千卷。每日进三卷。太宗观览，日日如此。其臣宋琪以看书勤苦，恐劳圣体为劝。太宗说："天下古今义理，尽载书卷中，但开卷观看，就使人启发聪明，增长识见，极有进益。虽每日读书，自是心里喜好，不为劳苦也。朕要一年之内，读完这一千卷书，故须一日三卷，乃可读完耳。"每遇闲暇无事日还不肯错过。就召翰林侍读吕文仲，问他以经书上的义理，召侍书王著，问他以写字的笔法，召葛湍问他以字学训解。

夫自古圣人虽聪明出于天赋，莫不资学问以成德。盖古今治乱兴衰，天下民情物理，必博观经史，乃可周知；必勤于访问，乃能通晓。故明君以务学为急，正为此也。观宋太宗勤学好问，不以为劳。若此，其能为太平令主，而弘开文运之盛，有由然哉！

释评

本文为《帝鉴图说》上篇第七十一节，出自《续资治通鉴长编》卷二十四，并见于《宋朝事实类苑》卷二，记述宋太宗天天勤奋读书，编纂大型类书的故事。大意是，太宗勤于读书，从巳时读到申时，方才放下书本。诏令史馆学士编纂《太平御览》，共一千卷，每天进呈三卷。宋琪谏言恐他过于劳累，太宗说："开卷有益，不算劳累呀！我打算用一年时间读完这部书。"每逢空暇日，就向侍读吕文仲问经典书义，向侍书王著问书法，向葛湍问文字学。

史书留名的这些强大聪明的人，所思所想，必有深意，所作所为，必有章法。宋太宗的这种学习态度和行为，不仅体现在他个人的学习上，也反映在他对国家文化的重视和推动上。

尚学十

改容听讲

原文

宋史纪：仁宗初年，宰相王曾，以帝初即位，宜近师儒，乃请御崇政殿西阁，召侍讲学士孙奭、直学士冯元讲《论语》。初诏双日御经筵。自是虽只日，亦召侍臣讲读。帝在经筵，或左右瞻瞩，及容体不正，奭即拱立不讲。帝为竦然改听。

张解

宋史上记，仁宗初年，宰相王曾以帝新即位，当亲近师儒之官，读书勤学，以涵养圣德。乃请临御崇政殿西阁，召侍讲学士孙奭、直学士冯元进讲《论语》。起初，定以双日御筵，后来以学问不宜间断，虽是单日也召侍臣讲读。帝在经筵讲读时，或偶然左右观看别处，或容体少有不端，孙奭即端拱而立，停住不讲。盖恐帝心不在书上，虽讲无益也。仁宗见奭这等诚恳，那怠惰的意思，即时收敛，为之竦然改听。

夫仁宗天资本是粹美，又有贤宰相辅导向学，当时讲官复尽心开发，一些不肯放过。仁宗能敬信而听从之，所以养成盛德，恭俭仁恕，始终如一，而为有宋一代之贤君也。

释评

本文为《帝鉴图说》上篇第七十三节，出自《宋史·孙奭传》《宋朝事实类苑·祖宗圣训》，记述宋仁宗在经筵上稍有失神，立即改容听讲的故事。大意是，宋仁宗即位初年，宰相王曾认为皇上刚刚即位，应当接近儒师，就请皇上至崇政殿西阁，召侍讲学士孙奭、直学士冯元讲《论语》。起初令双日开经筵。此后，单日也召侍臣讲读。皇上在经筵上，有时左瞻右看，或态度不够端正。孙奭就拱手而立，不再讲课，皇上马上肃然改变，注意听讲。

宋仁宗即位之初，亲近师儒，勤于学习，不仅体现了宋仁宗对学问的重视，也反映了他个人的谦逊和学习态度。此外，宋仁宗的这种学习态度和行为，也为后世帝王树立了一个典范，表明了一个君主应该通过学习来提升自己，从而更好地治理国家。

受无逸图

原文

宋史纪：龙图阁学士孙奭，尝画《书·无逸》为图以进。上命施于讲读阁。及作“迩英”“延义”二阁成，又命蔡襄写《无逸》篇于屏。

张解

宋史上记，仁宗时，有龙图阁学士孙奭，日侍讲读。每至前代治乱，必反复规讽。尝取《书经·无逸》篇中所载古帝王勤政恤民的事迹，画作一图，叫作《无逸图》，进上仁宗，欲其知所法也。仁宗喜之，命挂在讲读阁里，日日观览。其后，新造迩英、延义二阁成，又命馆阁校勘蔡襄，把《无逸》一篇写在二阁之屏上，使随处皆得观览。

夫《无逸》一书，乃周公告成王的说话，大意欲成王知稼穑勤政事。兢兢业业，不敢自安。能如此，则福祚绵长；不如此，则寿命短促。因举商中宗、高宗、祖甲、周太王、王季、文王以为法，商纣以为戒，其言深切恳至，实万世人言之龟鉴也。仁宗既受孙奭之图，又命蔡襄书之，盖必有味其言矣！则其观后苑之麦、忍中夜之饥，孰非自此书中得来，所以明君以务学为急。

释评

本文为《帝鉴图说》上篇第七十四节，出自《续资治通鉴长编》卷一百一十，并见于《宋朝事实类苑·祖宗圣训》，记述宋仁宗将《无逸》篇书于屏风的故事。大意是，龙图阁学士孙奭曾画《书经》中《无逸》篇内容为图进献，仁宗命挂在讲读阁中。其后造迩英、延义两阁成，又命蔡襄把《无逸》篇文字写在屏风上。

孙奭将《书经》中《无逸》篇的内容绘制成图，进献给宋仁宗，旨在强调勤政爱民、重视民生的重要性。宋仁宗体会孙奭的良苦用心，故而命蔡襄把《无逸》篇文字写在屏风上，期望通过学习不断提升自己的能力和素质，以确保国家的长治久安和人民的福祉。

下篇

狂愚覆辙

狂愚
覆轍

第六章 狂悖

狂悖一

游畋失位

原文

夏史纪：太康即位，荒逸，弗恤国事。畋猎于洛水之表，十旬弗返。有穷后羿，因民之怨，拒之于河，弗许归国。厥弟五人，作歌以怨之。太康失国，居阳夏。

张解

夏史上记：太康即位，荒于逸乐，不以国事为念，只好在外面打猎，巡游于河南地方，洛水之外，流连百日，不肯回还。把朝廷政事都荒废了，把百姓禾稼都践踏了，民皆嗟怨。当时有一个臣，叫做后羿，极善射。因民之怨，率领军马，手持弓矢，拒之河上，不要他归国。其弟五人，恨他荒淫无道，坏了祖宗的基业。于是，作诗五章，称述其祖大禹的训词以怨之，谓之《五子之歌》。太康毕竟不得归国。居于阳夏之地而死。

夫太康为启之子，启能继禹之道，贤圣之主也。再传太康，上以好尚游畋一事，遂至失国。父祖之德泽，皆不足恃矣。吁！可畏哉。

释评／ 本文为《帝鉴图说》下篇第一节，出自《尚书·夏书·五子之歌》，并见于《史记·夏本纪》，记述夏代君主太康失国的故事。大意是，太康即位后，只顾自己逸乐，不忧虑国家大事。他到洛水以外的地方去打猎，一百多天还不回朝。有穷氏部落首领后羿，利用老百姓的怨恨，到黄河边上阻挡他，不许他回到都城。他的五个弟弟听说这件事后，跑到黄河边，作了五首歌来责备他。太康就这样失去了父祖建立的夏朝，只好居住在阳夏。

姒太康的失位，是由于他外出打猎多日未归，导致后羿抓住了机会，鼓动本就对姒太康有怨念的国民，将姒太康拒于国外。姒太康兄弟所作的《五子之歌》，歌里所描写的各种无道之行，正是聪明人所需要了解、警惕的。

再明智再强大的人，也会有犯错的时候，关键在于是否有人提醒及被提醒后是否悔悟和改过。悔悟而不改过的人，是内心懦弱、放纵自己欲望的人；既不悔悟也不改过的人，是“智足拒谏，言足饰非”的狂悖之徒；身边连提醒的人都没有的人，则是可怜短视的愚蠢之辈。

狂悖二

脯林酒池

原文

夏史纪：桀伐有施氏，得妺喜。喜有宠，所言皆从，为瑶台象廊。殚百姓之财，为肉山脯林。酒池可以运船，糟堤可以望十里，一鼓而牛饮者三千人。妺喜笑，以为乐。

张解

夏史上记：夏桀无道，不修德政。因征伐有施氏之国，有施氏进了个美女，叫做妺喜。桀甚是宠爱，她说的言语，无不听从，造为瑶台、象廊，极其华丽。竭尽了百姓的财力，又性嗜酒，放纵。不但自家酣饮，将各样禽兽之肉堆积如山，烹熟为脯者，悬挂如林。凿个大池注酒，池中可以行船，积糟为堤，其长可望十里，击鼓一通，则齐到池边，低头就饮，如牛之饮水者三千人。桀与妺喜欢笑，以此为乐。朝政之废可知矣。

夫桀之始祖大禹，卑宫室，恶衣服，克勤克俭。因饮酒而甘，遂疏造酒之仪狄。何等忧深虑远，辛勤创业。而桀乃放纵如此！不亡何待！后六百年，又有商纣，亦为肉林酒池，亦亡商国。嗜酒之祸，可鉴也哉！

释评

本文为《帝鉴图说》下篇第二节，出自《国语·晋语一》，记述夏桀暴虐、纵欲，导致亡国的故事。大意是，夏桀征伐有施氏，有施氏把妺喜送给了他。妺喜受到桀的宠爱，她说的话桀全都听从。夏桀不仅为她建造了美玉砌成的瑶台、象牙装饰的长廊，把百姓的财产用尽了，还使宫中有肉山和脯林，大酒池可以行船，造酒耗费的粮食堆成了高大的糟堤，登上去可远望十里，桀一声号令命人击鼓，像牛饮水那样到酒池边饮酒的多达三千人。妺喜见此情景喜笑颜开，桀以此为乐。

夏桀忘记了自己祖先大禹的德行。大禹薄饮食，夏桀收尽百姓的钱财，以作酒池肉林；大禹卑宫室，夏桀建瑶台、象廊；大禹克勤克俭，夏桀极尽奢靡，故而《汤誓》(商代开国君王汤征讨夏桀的战前动员书) 中说夏桀“耗尽民力”。

夏朝传至夏桀，已然衰败。夏桀不内省自身、整顿吏治，反而自走绝路，对待不愿再纳贡的部落，不是修复关系，而是出兵讨伐，使夏氏与各诸侯的关系更加恶化；对内任用赵梁这样的奸臣，沉溺于享乐，完全听不进伊尹和终古这样的忠良贤臣们的苦口劝谏，致使奸臣当道，贤良去国。夏桀狂妄自大、刚愎自用到如此程度，最终只能走向毁灭。

狂悖三

革囊射天

原文

商史纪：武乙无道，为偶人，谓之天神。与博不胜而戮之。为革囊盛血，仰而射之，谓之射天。在位五年，猎于河渭之间，暴雷震死。

张解

商史上记：商王武乙无道，不知敬事天地，把木雕成人形，叫做天神。与之对局而博，使人代为行筹。若是偶人输了，就将他斫碎，恰似杀戮那天神一般。又将皮革为囊，里面盛着生血，高悬于空中，仰而射之，叫做射天。其慢神亵天如此。在位五年，出畋猎于河渭之间，着暴雷霹死。

夫人君无不敬也，而敬天为大。《书》曰：“钦若昊天！”《诗》曰：“敬之敬之，天惟显思，命不易哉。”若以天为不足畏，则无可畏者矣。武乙之凶恶，说他不但不怕人，连天也不怕。故为偶人而戮之，为革囊而射之。呜呼！得罪于天，岂可逃哉！震雷殒躯，天之降罚，亦甚明矣。

释评

本文为《帝鉴图说》下篇第三节，出自《史记·殷本纪》，记述了商王武乙无所顾忌、任意妄为的故事。大意是，武乙不敬道尊人，做了个偶人叫作天神。他和偶人对局而博，如果偶人不能取胜，便把它砍碎，以此表示不敬天信神。他还把盛满血的皮口袋吊在木杆上，搭箭去射，说这是射天。他在位五年，后来在黄河与渭水之间打猎时，被暴雷震死。

“天视自我民视，天听自我民听”，这是《尚书·泰誓》中的一句话，意思是上天的一切表示，其实都来自民意，敬畏上天，也就是敬畏民意，以民为本。武乙亲手打破这种敬畏，把天放到自己的对立面上，这不是把自己和人民对立起来吗？历史上的无道昏君很多，但是像武乙这样明目张胆搞对立的也是前无古人、后无来者。

后世相传的大胆放纵、为所欲为、作恶多端者会遭雷劈，大概典出于此吧？

狂悖四

妲己害政

原文

商史纪：纣伐有苏，获妲己。妲己有宠，其言是从，作奇技淫巧以悦之。使师延作朝歌北鄙之音、北里之舞、靡靡之乐。造鹿台，为琼室玉门。厚赋敛，以实鹿台之财，盈钜桥之粟。以酒为池，悬肉为林，使男女裸而相逐。宫中九市，为长夜之饮。百姓怨望，诸侯有叛者，妲己以为罚轻，威不立。纣乃为铜柱，以膏涂之，加于炭火之上，令有罪者行焉。辄堕炭中，以取妲己笑。名曰：炮烙之刑。

张解

商史上记：纣无道，恃强用兵，征伐有苏氏之国。有苏氏畏其威力，进献个美女，叫做妲己。纣得了妲己，甚是宠爱她。凡是她说的就听，造作奇巧的服饰、器物，以悦其心。使乐官师延作朝歌、北鄙之音，北里之舞，靡靡之乐，大率都是淫声。又穷极土木之工，造鹿台一座。以琼瑶为室，以玉石为门。厚敛百姓的财物以为私积。那鹿台之内，钱财充实，钜桥之仓，粟米盈满。又凿个大池盛酒，悬鸟兽之肉为林，使男女裸体驰逐于其间。宫中又开设九处店市，与外人交易买卖。君臣酣饮，从夜达旦。竭民膏血，极欲穷奢。所以，一时的百姓每都兴嗟含怨，困苦无聊。诸侯有背叛者，妲己说：“诸侯之叛，都因罚轻诛薄，主威不立所致。”纣听其言，使人铸铜为柱，柱上涂上脂油，下面烧起炭火，将铜柱加于炭火之上，使有罪的人，在柱上行走。那铜柱既热又滑，人如何行得，就都堕在炭火中烧死。妲己看见，以为笑乐。这个叫做“炮烙之刑”。

尝考之于史，说：“商纣闻见甚敏，材力过人。使其有此才智而能亲近贤臣，容纳忠言，则其恶岂至于此哉。”乃醢鄂侯、剖比干，而唯妇言是用。欲不亡得乎？万世之下，言大恶者，必曰桀纣。女祸之烈，一至于此；有天下者，可不戒哉！

释评

本文为《帝鉴图说》下篇第四节，出自《史记·殷本纪》，记述商代末世帝王纣因宠信妲己而失国的故事。大意是，商纣王攻打有苏氏国，得到了有苏氏的美女妲己。妲己受到纣王的宠爱，只要是她说的话，纣王没有不听从的。纣王还制作各种奇异精巧的玩物，以供妲己玩乐：让乐师师延作朝中乐歌，其中有北方蛮族的音乐、歌舞等，全都是使人精神萎靡不振的乐舞；建造储存财物的鹿台，用昂贵的美玉建屋造门，向百姓增收赋税聚敛财物，以充实鹿台；在朝歌修建酒池，到处悬挂着鸟兽之肉，让男男女女裸体在这酒池肉林中相互追逐嬉闹；在宫中设立了九处商市，以供那些长夜豪饮的王公大臣之需。百姓们愤愤不平，诸侯中也有人叛乱，妲己却认为这是由于处罚太轻，纣王之威显示得不够。于是纣王便让人制造一个铜柱，在上面涂满光滑的膏油后放在火上烧烤，命令那些被判有罪的人在这灼烫而光滑的铜柱上行走。结果，那些人纷纷堕入燃烧的炭火中。纣王以此博取妲己的欢笑，并取名为炮烙之刑。

商纣王天资聪颖，有口才，行动迅速，接受能力很强，而且气力过人，能徒手与猛兽格斗。他凭着才能在大臣面前夸耀，凭着声威到处抬高自己，认为天下所有的人都比不上他。他嗜好喝酒，放荡作乐，宠爱女人，又任用费仲、恶来等恶臣管理国家政事。费仲善于阿谀，贪图财利，殷人都不来亲近；恶来善于毁谤，喜进谗言，诸侯因此与商越发疏远了。

大臣祖伊曾劝谏商纣王说：“上天断绝了殷的寿运，是因为大王您荒淫暴虐，以致自绝于天，所以上天才抛弃我们。您既不揣度了解天意，又不遵循常法，导致民众都希望殷早早灭亡，大王您如今想怎么办呢？”商纣王回答：“我命不在天，何必担心！”狂悖至极。

大商众叛亲离之时，商纣王面对亲贵大臣的劝谏，将他们或逮捕入狱，或流放，或处死。周武王得知商朝统治集团分崩离析，见时机已到，即率诸侯联军伐商，最终在牧野一举覆灭了商朝。

狂悖五

八骏巡游

原文

周史纪：穆王臣造父善御，得八骏马。王使造父御之，西巡乐而忘返。东方徐夷，乘间作乱，周乃中衰。

张解

周史上记：穆王时，有个臣叫做造父，善能御车驾马。是时穆王得了八匹极善走的骏马，使造父驾着，往西方去巡幸。当时天下太平，穆王驾着那骏马，任意遨游，不思返国，把朝廷政事都废了，民心离叛。东方有个徐夷，因此乘空造反，僭称为徐偃王。近徐的诸侯，多有往朝于徐者。周家的王业到此中衰。

夫穆王初年，亦是个英明之主。后来，只为用了造父，耽于游幸，遂致政乱国衰。然则，人君之举动，可不慎哉！

释评

本文为《帝鉴图说》下篇第五节，出自《穆天子传》，并见于《史记·赵世家》，记述周穆王只顾巡游，导致内乱而使王业中衰的故事。大意是，穆王有个叫造父的大臣善于驯马驾车，得到八匹骏马献给穆王。穆王便让造父为他驾车，向西巡游玩，以至于忘记了回来。东方夷人的徐国乘机作乱，周朝从此衰落。

周穆王继位时年已五十，上位初期也曾励精图治，向四方发展。但穆王好游行，以致朝政松弛。徐国在商代就是淮夷大国，周初曾跟随武庚叛乱，周公二次东征后，徐国时叛时服。穆王时期，徐国再次兴盛起来，此时徐国国君徐偃王已成为统辖淮、泗流域的东方盟主。徐偃王乘周穆王西游不在朝时，率九夷反叛周，周穆王东征，东方齐国、鲁国等诸侯国出兵相随，一说平乱得胜，一说徐偃王主动撤走。但不管怎样，由于周穆王对周围部落持续的高压政策及长期不在朝廷处理政务，周王朝的统治力逐渐衰落。

狂悖六

坑儒焚书

原文

秦史纪：始皇三十四年，用李斯之言，烧《诗》《书》、百家语。有敢偶语《诗》《书》者弃市，以古非今者族，吏见知不举者与同罪。所不去者，惟医药、卜筮、种树之书。侯生、卢生相与讥议始皇，因亡去。始皇闻之大怒曰：诸生为妖言以乱黔首。使御史案问，诸生转相告引，犯禁者四百六十余人，皆坑之。

张解

秦史上记：始皇帝三十四年，从丞相李斯之言，天下人但有私藏《诗》《书》及百家言语、文字者，都着送官，尽行烧毁，且再不许天下人读书。有两人成偶，口谈《诗》《书》者，就戮之于市。有援引古事，非毁当今者，全家处死。官吏有见知不举发者，与之同罪。所存留不毁者，只是医药与卜筮、种树这几种小书而已。时有儒士侯生、卢生，两个人相与讥议始皇所为不合道理，又恐得罪，因逃去躲避。始皇闻之大怒说：这儒生每造为妖言，煽惑人心，不可不诛。乃使御史访察、案问之。诸生互相讦告，攀扯连累，凡犯诽谤之禁者，四百六十余人，皆坑杀于咸阳地方。

夫自古帝王欲治天下，未有不以崇儒重道为先务者。而始皇乃独反其道，至使典籍尽为煨烬，衣冠咸被屠戮，其罪可胜言哉！至汉高帝过鲁，以大牢祀孔子，文帝除挟书之律，武帝表章六经，公孙弘以儒生为宰相，而孔氏之教乃复兴。

夫观秦之所以亡，与汉之所以兴者，得失之效，昭然可睹矣。

释评

本文为《帝鉴图说》下篇第八节，出自《史记·秦始皇本纪》，记述秦始皇焚书坑儒的故事。大意是，秦始皇三十四年采纳丞相李斯的建议，烧毁了《诗》《尚书》及诸子百家的各种典籍。并且下令：如果有人胆敢与别人谈论《诗》《尚书》等焚毁的书籍，就要被处以死刑；对那些以古非今的人，不仅处死本人，还要诛杀他的全家；如果官吏看到，知道而不举报的，也处以同样的罪行。只有医药、占卜算卦、种树的书不烧毁。侯生、卢生这两个儒生在一起讥讽、议论始皇，因为害怕就逃亡了。始皇听说这件事后大怒，说：这些儒生妖言惑众。他命令御史抓了部分儒生拷问，儒生们相互揭发、连累，结果有四百六十多人犯有违背上述禁令的行为，始皇下令把他们全都活埋了。

先秦诸国混战，百家争鸣，至秦一统，秦始皇不仅想要地域上的大一统，还想要人心上的大一统。

“焚书坑儒”这种激进的手段，导致全社会激烈反抗，最终和秦始皇其他倒行逆施的暴政一起，成为秦朝坟墓的奠基石。

狂悖七

大营宫室

原文

秦史纪：始皇以先王宫廷小，乃营朝宫渭南上林苑中。先作前殿阿房，东西五百步，南北五十丈。上可以坐万人，下可以建五丈旗。周驰为阁道，自殿下直抵南山，表山颠以为关。复道渡渭，属之咸阳。计宫三百，帷帐、钟鼓、美人充之，各案署不移徙。

张解

秦史上记：始皇建都咸阳，以先王所住的宫殿狭小，不足以容，乃营建朝宫于渭南上林苑中，先起前面一座殿，叫做阿房殿。这殿的规制，自东至西，横阔五百步；自南至北，入深五十丈。上面坐得一万人。下面竖立得五丈高的旗。只这一座殿，其高大深阔如此，其他可知矣。周围四边，俱做可驰走的高阁道，自殿下直至南山，就南山顶上竖立阙门。其北首砌一条复道，直跨过渭水如桥梁一般，接着咸阳都城。计建立的离宫有三百所。一一都有铺设的帷帐等物。作乐的钟鼓等器，及四方美女充实其中，以待始皇游幸。但所到之处，百事俱备，不用挪移。

夫自古帝王皆以民力为重，不忍轻用。知民心之向背，乃天命去留所系也。始皇竭天之力，以营宫室，极其壮丽，自谓可乐矣。而民心离叛，覆灭随之，竟为项羽所焚，悉成煨烬。吁！ 可鉴哉。

释评

本文为《帝鉴图说》下篇第九节，出自《史记·秦始皇本纪》，记述秦始皇穷奢极欲、大造宫室的故事。

大意是，秦始皇认为秦国先代的宫室太小，就在渭河南岸上林苑中营建朝宫。先动工修建前殿阿房宫，东西五百步，南北五十丈；上面能够坐一万人，下面可以立五丈高的旗；周围都开辟了可供驰走的阁道，从前殿下一直抵达南山，在南山顶上建造高大的阙门，卫护着朝宫；又修一条复道跨越渭水，连接都城咸阳。宫殿共有三百座，里面陈设着帐幔帷幕、钟鼓器乐，住满天下的美人。为此设置专门的官署登记在案，不得随便挪移。

秦始皇兼并六国之后，北修长城以拒匈奴，在关外修数条直道以便巡游，于关内修阿房宫、始皇陵，造大船入东海寻仙，而这些耗费人民劳力血汗的工程，居然在秦始皇统治时齐头并进！将人民压榨到如此地步，观中国历史，几乎是最甚的。

狂悖八

女巫出入

原文

汉史纪：武帝时，女巫往来宫中，教美人度厄，每屋辄埋木人祭之。因妒嫉恚骂，更相告讦以为咒诅。上怒，多所击杀。上心既疑，尝梦木人数千，持杖欲击上。因是体不平。江充自知为太子所恶，因言上疾，祟在巫蛊。于是使江充治巫蛊狱。充云：“于太子宫得木人尤多。”太子愤恨，无以自明。于是发武库兵捕江充诛之。武帝怒，使人捕太子。太子自缢。

张解

西汉史上记：武帝纵容民间女巫出入宫中（女巫，如今师婆之类）。教宫人们祈祷解厄，刻木为神道形象，埋在屋里，时常祷祀以祈福。于是宫人们有彼此妒忌怨骂者，就告讦于武帝，说他们在背地里雕刻人形，魇镇咒诅主上。武帝发怒，打死宫人甚多。武帝心中既疑，尝梦木人数千，持杖要来打他。因此身体欠安。有奸臣江充，自知太子恶他。见帝年老，恐日后为太子所诛，因奏说：主上这疾，由巫蛊魇镇所致。武帝信之，就着江充穷治巫蛊之狱，遍宫中掘地搜寻木人。江充就借此倾陷太子，说臣到太子宫中，掘得木人尤多。武帝怒，太子负屈，无以自明，不胜愤恨之心，遂擅发武库兵仗，捕得江充诛之。武帝愈怒，说太子谋反，使人捉拿太子。太子惶怯，走出湖县，自缢而死。

大抵妇人妒宠相谗，乃其常态。但使宫禁严密，不许外人擅自出入。嫔妃近幸之人，不许彼此无事往来，则闺阃自然清肃，谗害不生。至于女巫邪术，尤不可近。

俗语云：三婆不入门，便是好人家（谓师婆、卦婆、卖婆也）。况于天子之宫禁，而可容此辈出入乎？

武帝只因不能禁绝于初，故致自生疑惑，而奸人乘间构祸，骨肉伤残，后虽追悔，亦何及哉！此万世所当览戒也。

释评

本文为《帝鉴图说》下篇第十节，出自《汉书·武五子传戾太子据》，并见于《江充传》，记述汉武帝允许女巫出入宫中引起戾太子之死的“巫蛊之祸”的故事。大意是，武帝时女巫往来出入宫中，用法术教宫中美人解脱灾难，常常在屋里埋上木制人像来祭祀祈祷。宫人由于妒忌而生气谩骂，进而相互攻击、揭短、诅骂。汉武帝发怒，打死了很多宫人。但此事也引起武帝的疑惑。他曾梦见数千个木制的偶人，手持棍棒，前来打他，因而生病。

江充自知被太子嫌恶，于是便编造谎言，说皇上的疾病，是那些女巫用邪术加害的。于是武帝命江充追究巫蛊之罪。江充又说，太子宫中掘的木头人最多。太子知道后非常痛恨江充，没办法向武帝说明真相，便分发武库兵器，发兵逮捕了江充，并把他杀死。武帝大怒，派人去抓捕太子，太子被迫自杀。

汉武帝继位之初，国内还是一片太平治世的景象。等汉武帝晚年时，则民生凋敝，诸业不兴，社会矛盾日益尖锐，关东流民达二百万，农民起义频繁。汉武帝一方面迷信神仙，热衷封禅和郊祀，巡游各地期望寻仙延寿，一方面又担忧权力被以太子为首的贵族集团所窃取，宫廷内部的斗争日益激化，最终酿成“巫蛊之祸”。

大抵武功极盛的皇帝，晚年都会追求超自然的力量，秦始皇如此，汉武帝如此，唐太宗亦是如此。盖因天下地上已唯己独尊，便已然忘记自己还是个人了。

狂悖九

嬖佞戮贤

原文

汉史纪：哀帝时，侍中董贤姿貌美丽，以和柔便辟得幸于上，贵震朝廷，常与上卧起。诏将作大匠，为贤起大第，穷极技巧。赐武库禁兵，尚方珍宝，及东园秘器，无不备具。郑崇谏上，上怒，下崇狱，竟死。

张解 西汉史上记：哀帝时有个侍中，叫做董贤。他容貌美丽，性体和柔，而便佞邪辟，以此得帝宠幸，至与帝同卧起。其尊贵之势，震动朝廷。帝诏令总管营建的将作大匠，替董贤起盖大第宅，诸般的技能工巧无不做到，又赐他武库里禁兵，尚方的珍宝，及东园中葬器，皆朝廷所用，俱以赐贤，无一不备者。其时，有个贤臣郑崇，因此谏争，以为不可。上怒，而下崇于狱，竟死狱中。

夫哀帝初年，躬行节俭，政事皆由己出，亦可以为明主，到后来一宠董贤，遂至颠倒迷惑，无复顾惜，卒以促亡。人君之宠狎佞幸，其祸如此！

释评 本文为《帝鉴图说》下篇第十四节，出自《汉书·佞幸列传董贤》，并见于《资治通鉴》卷三十四汉纪二十六，记述汉哀帝宠爱侍中董贤，不听贤臣郑崇之谏，反将其下狱治死的故事。大意是，汉哀帝时侍中董贤姿态容貌美丽，用体态的和柔逢迎谄媚，受到皇帝的宠爱，尊贵到足以震惊朝廷。他常常和皇上同卧同起。哀帝下诏命负责建筑的将作大匠为董贤建造规模宏大的府第，穷尽了当时的技艺巧饰。赐给他武库中禁止外用的武器、皇帝专用的珍奇宝物，还有东园为王公制造的棺木葬器，几乎无所不备。郑崇直言上谏，惹怒了哀帝，被捕入狱，死在狱中。

汉哀帝继位之后，虽然利用王氏家族的内斗，使得自己的母族丁氏、妻族傅氏崛起，暂时压制住了王氏，但目睹过汉成帝时爵禄尽入王家，权柄转入外戚之手的汉哀帝明白，权力不过从一家外戚流入另一家外戚而已，与自己无关。不甘心的汉哀帝另辟蹊径，选择了自己的代理人董贤。

汉哀帝扶持、利用董贤，而非自己的母族妻族，正是为了打破从汉宣帝以来外戚治国的传统，一步步收回本属于自己的权力。董贤所有的殊荣都是汉哀帝给的，但董氏家族并没有因此显赫，汉哀帝在位七年，似乎也没有掀起很大的风浪，而试图借助外力牵制，反倒在历史上落了个不好的名声。

汉哀帝继位初期，意图效法汉武帝、汉宣帝，可惜重疾在身，只能依靠董贤这样的幸臣放手一搏，实在悲哀。

狂悖十

芳林营建

原文

魏史纪：明帝好土功，大营宫殿。役连岁不休。徙长安钟簴、铜驼、承露盘于洛阳。铸铜人二，列司马门外。又铸黄龙、凤凰，置内殿前。起土山于芳林园，使公卿皆负土。树杂木善草，捕禽兽致其中。光禄勋高堂隆、尚书卫觊及司徒掾董寻，皆上疏极谏，不听。

张解

三国魏史上记：明帝睿好土木之功。即位后，大营建宫殿。既作许昌宫，又作洛阳宫。工役连年不得休息。迁徙长安城中秦汉时所造的钟架、铜橐驼，及承露盘到洛阳来。用铜铸两个极大的人，号作“翁仲”，摆列在司马门外。又铸成黄龙、凤凰，安置在内殿前面，筑一座土山于芳林园。欲其速成，乃使公卿大臣每都亲自搬土助工。山既成了，使人栽种杂木好草；又捕捉各样禽兽放在中间，就与真山一般。光禄勋高堂隆、尚书卫觊及司徒掾董寻，都上奏疏极谏其失。明帝通不听他，兴作如故。

夫君以一人治天下，非以天下奉一人也。明帝之时，三方鼎立，力行节俭，犹恐不足以为国，而乃劳人动众为不急之务。且公卿大臣，朝廷之所素敬礼者，至使负土为山，沾手涂足，尤非使臣以礼之道矣。未几，明帝早崩无嗣，不及一享其乐，魏之天下，又随为司马氏所篡。彼铜人土山之玩，果为谁而作哉！

释评　本文为《帝鉴图说》下篇第十八节，出自《三国志·魏志》卷三明帝，裴松之注引《魏略》，并见于《资治通鉴》卷七十三魏纪五，记述魏明帝曹叡好兴土木拒谏的故事。大意是，魏明帝特别喜好土木之功，大肆营建宫殿，致劳役连年不停。把秦汉故都长安的钟架、铜骆驼、承露盘全都迁移到新都洛阳。还铸造了两个巨大的铜人，摆列在司马门外。又铸造了黄龙、凤凰，置于内殿前。在芳林园里堆起一座土山，让公、卿士大夫往土山上背土。在园中种植了各种花果树木、好草善苗，捕获各种禽兽放养其中。光禄勋高堂隆、尚书卫觊及司徒掾董寻，都上疏极力劝谏，可他根本不听。

魏明帝在位的时候，正是魏蜀吴三足鼎立之时，其中诸葛亮对曹魏的数次进攻，均发生在魏明帝在位时期。魏国此时南方有蜀吴的骚扰，北方有草原民族的侵袭，整个魏国的社会生产力都在经受考验。

此时魏明帝为了个人喜好而大兴土木，对社会经济的破坏极其严重，把社会积累的巨大财富凝固成建筑物，使社会因缺少流动资金而不能组织正常的再生产，导致社会经济萎缩，人民流离失所。魏明帝面对朝臣的直谏，虽优容，但不采纳，并且迫使世家大族的公卿大夫们干搬运土石的粗活，狠狠地折辱他们。魏明帝在强敌环伺的情况下，既不体恤百姓，还要折辱世家，狂傲荒唐至此，又岂能有善终？魏明帝壮年去世，曹魏也从此走上下坡路，最终被世家选择的司马家取代。

狂悖十一

笑祖俭德

原文

宋史纪：宋主骏大修宫室，土木披锦绣。坏高祖所居阴室，起玉烛殿，与群臣观之：床头有土障，壁上挂葛灯笼，麻蝇拂。袁觊以盛称高祖俭德，宋主曰：田舍翁得此，已为过矣。

张解

六朝宋史上记：宋主刘骏性好奢侈，嫌他父祖的宫室卑小，乃重新大修造一番。墙壁门柱上，都披着锦绣。宋高祖生前住的去处，叫做阴室，后世以藏高祖的御服。他要把这阴室拆了，改造玉烛殿。因与群臣往那里观看，见阴室里面，床头有屏障是土做的；墙上挂个灯笼是葛布鞔的；挂个蝇拂是麻绳的。这都是高祖生前常用的器物，质朴俭素，故留之以示子孙也。其臣袁觊因盛称高祖的俭德，欲以感悟宋主。宋主反笑话说：高祖起于农亩而为天子，本是个庄稼佬。他有这个受用，已是过分了。岂可与今日同语哉！

夫不念祖宗创业之艰，法祖宗崇俭之德，且嘲诮如此，尚谓有人心乎？未及一年，他就殁在这玉烛殿里。其子子业，济恶更甚，遂被篡弑之祸。传曰：俭，德之共也；侈，恶之大也。岂不信哉！

释评

本文为《帝鉴图说》下篇第二十节，出自《资治通鉴》卷一百二十九宋纪十一，记述南朝宋孝武帝刘骏大兴土木，毁坏其高祖刘裕的阴室，并嘲笑祖父俭德的故事。宋主刘骏大修宫室，修建的宫殿全都披上了华丽的锦绣，还把高祖居住过的阴室拆掉，建造起玉烛殿。在拆掉之前，他与群臣前去观看，看到室内床头屏障是用泥土做成的，墙壁上挂着的是用葛布做罩的灯笼，用过的蝇拂竟是用麻绳做的。大臣袁觊见了，不由得盛赞高祖勤俭的美德。可是刘骏却说："他不过是个庄稼佬，能享受这样的待遇，已经超过一般了。"

刘骏生活奢侈，大造宫室，反而以居高临下的姿态嘲笑起于垅亩、战功赫赫、奠定刘宋繁荣局面的祖父刘裕是个乡巴佬。

刘骏敢这样说话，底气何来？因为草莽出身的刘裕，虽然功业盖世，但毕竟出身于寒门，后来又连年征战，哪有那么多时间吟诗作文，所以确实没有什么文学修养。而刘骏呢？据史料记载，诗文造诣相当高，陆时雍评价他的诗文"菁华璀璨，开灵运之先"，意思就是说他写的诗文非常好，可以与同时期赫赫有名的大诗人谢灵运相提并论。《文心雕龙·时序》也称赞他"孝武多才，英采云构"。

如果诗文给了刘骏嘲笑爷爷刘裕的底气，那要这诗文何用？况且古代以“孝”治天下，而他却当众藐视爷爷刘裕，着实狂悖不堪。

狂悖十二

纵酒妄杀

原文

齐史纪：齐主洋嗜酒淫佚，肆行狂暴。尝作大镬、长锯、锉碓之属，陈之于庭。每醉，辄手杀人以为戏乐。杨愔乃简死囚，置帐内，谓之供御囚。齐主欲杀人，辄执以应命。

张解

六朝齐史上记：齐主高洋，好酒而荒淫佚乐，肆行狂暴。尝做下烹人的大锅，解人的长锯，与铁锉碓臼等物，摆列庭中以为刑具。每醉便手自杀人，以为戏乐，那时宰相杨愔，不忍无罪之人被杀，乃简那该死的囚犯，置列庭帐之内，叫做供御囚。待齐主醉后要杀人之时，就以此囚应命。

夫人命至重，虽犯罪该死，扰且三覆五奏，然后行刑。是以禹见罪人，下车而泣，重人命也。齐主酷暴若此，岂不大失人心。然齐主即位之初，亦尝留心政事，推诚任使；军国机务，独自裁决，可谓贤主。后来，只因好酒乱性，遂成无道之君。此大禹之所以绝旨酒而书作《酒诰》，以为戒也。

释评

本文为《帝鉴图说》下篇第二十三节，出自《北史·齐本纪》，并见于《资治通鉴》卷一百六十六梁纪二十二，记述北齐文宣帝高洋统治末期，嗜酒滥杀无辜的故事。大意是，北齐君主高洋，嗜酒淫逸，行为无所约束，狂暴无常。曾造用来煮人的大锅，用来杀人的长锯、铁锉、碓臼等刑具，摆在宫廷之中。每当他酣醉，就用杀人游戏取乐。宰相杨愔把那该杀的死囚准备好，安置在帐内，叫作供御囚，每当皇帝要杀人时，便把囚犯拉过来，应付皇帝行凶杀人之命。

高洋年少聪慧，曾有快刀斩乱麻之举。长兄高澄遇刺身亡后，高洋趁机执掌朝政，逼迫东魏孝静帝禅位，登基称帝，国号“大齐”，史称北齐。在位初期，励精图治，颇有圣主气范，被突厥可汗称为“英雄天子”。但高洋继位六年后，开始放纵滥杀。高洋虽然滥杀，但自己的亲族都保护得好好的，可谓佯狂。

狂悖十三

玉树新声

原文

陈史纪：后主起临春、结绮、望仙三阁，各高数十丈，连延数十间，其窗牖栏槛，皆以沉檀为之，饰以金玉，间以珠翠。其服玩瑰丽，近古所未有。上每饮宴，使诸妃嫔及女学士与狎客共赋诗，互相赠答。采其尤艳丽者，被以新声，选宫女千余人歌之。其曲有《玉树后庭花》《临春乐》等，大略皆美诸妃嫔之容色。君臣酣歌，自夕达旦以为常。

张解

六朝陈史上记：陈后主叔宝在位，荒淫无度。起三座高阁，一名临春，一名结绮，一名望仙。各高数十丈，阔数十间，其窗牖栏杆，都是沉檀好香做成的。又饰以金玉，嵌上珠翠，阁里所摆设的衣服、玩器，都是珍奇美丽之物，近代所未曾见者，其宫室服用奢侈如此。后主又好为词曲，选宫人能文的，叫做女学士。群臣能文的，如江总、孔范等，都纵容他出入禁中，陪侍游宴，叫做狎客。后主每饮宴，即命诸妃嫔及女学士与狎客每同作诗，一赠一答，以为娱乐，无复顾忌。诸诗之中，拣词语极艳丽的，被诸管弦，新作一样腔调。选宫女千余人都唱此曲，与乐声相和，其曲有《玉树后庭花》及《临春乐》等名目。曲中的说话，大略都是夸美诸妃嫔的容色而已。君臣酣饮狂歌，自夜晚直到天明。每日是如此，以为常事。其声色游宴之娱又如此。

夫人君为万民之主，当爱养财力，惟恐不足；兢业政事，犹恐有过。而后主乃穷奢极侈，流连荒亡，其于民力国事，都不暇顾。《书》曰：“内作色荒，外作禽荒。甘酒嗜音，峻宇雕墙。有一于此，未或不亡。”今后主有四焉，欲不亡得乎。

释评

本文为《帝鉴图说》下篇第二十五节，出自《陈书·后主沈皇后传张贵妃》，并见于《资治通鉴》卷一百七十六陈纪十，记述陈后主纵情声色、荒废政事的故事。大意是，后主建起临春、结绮、望仙三阁，每一个都高达数十丈，有数十间那么宽阔，上面的窗户、栏杆全都用贵重的沉檀木做的，还用金玉加以雕饰，有的甚至镶嵌上珍珠翡翠。他的服饰、珍玩瑰丽，是从来未曾有过的。每当他饮宴，都要让妃嫔及女学士与狎客相互赋诗赠答，从中选出美艳的诗词，让人谱上新曲，再选出宫女千余人边唱边舞。这些歌曲中有《玉树后庭花》《临春乐》等，大概都是赞美陈后主宠爱的妃嫔容貌如何漂亮。君臣酣歌，从晚上直到天明，习以为常。

陈后主执政八年后，被隋军掳至长安，结束了他短暂的帝王生活。

陈后主与刘禅，都是德不配位之人，只是刘禅有诸葛亮辅佐，陈后主身边却没有能力挽狂澜之人。作为君主，只管自己的兴趣爱好，狂放如此，可恨可怜。

狂悖十四

剪彩为花

原文

隋史纪：炀帝筑西苑，周二百里，其内为海，周十余里，为方丈、蓬莱、瀛洲诸山，高百余尺，台、观、宫殿，罗络山上。海北有渠，萦纡注海内。缘渠作十六院，门皆临渠，每院以四品夫人主之；穷极华丽，宫树凋落，则剪彩为花叶缀之；沼内亦剪彩为荷、芰、菱、芡；色渝，则易以新者。十六院竞以肴羞精丽相高，求市恩宠。帝好以月夜从宫女数千骑游西苑，作《清夜游曲》，于马上奏之。

张解

隋史上记：炀帝溺于逸游，用度奢侈。于宫中营筑别苑一所，叫做西苑，周围有二百里宽，中为海子。周围亦十余里，海中起方丈、蓬莱、瀛洲等山，以象东海中三神山，各高百余尺。山上都有台、观、宫殿，罗列于上。海子北边，开一道河渠萦纡回绕，引水注于海子内。沿渠盖院落一十六所，院门都傍临着河渠；每一座院里面，都有宫人美女，而以四品夫人掌管。穷极华丽，以恣游玩。遇秋冬时节，见宫树凋落，则剪五彩绢帛为花为叶，缀于枝条之间；于池沼中，亦剪彩为荷、为芰、为菱、为芡，贴在水面，与春夏间的景物一般；久之，若颜色改变，又换上新的。其侈靡如此。那十六院中的宫女，彼此各以肴馔精丽相争相胜，以此希恩取宠。炀帝游观无厌，惟日不足，好乘月夜，随从宫女数千骑遨游苑中；命词人编成清夜游的歌曲，使宫女于马上唱之。未几，又游幸江都，留连不返，遂以失国。

考之于史，隋炀帝之父文帝，性贪好利。洛阳府库，财货山积。炀帝始为晋王，谗杀太子而嗣立。即位之初，见国家财物繁富，遂奢侈纵肆如此。嗟呼！浚百姓之膏血以实府库，而付之于凶狡淫恶之人。贻谋如此，不亡何待？然则隋室邱墟，不独炀帝之罪，盖亦文帝之过也。夫人主欲为后世子孙长久之计，唯在示之以恭俭仁厚，而审于付托哉！

释评

本文为《帝鉴图说》下篇第二十六节，出自《资治通鉴》卷一百八十隋纪四，记述隋炀帝筑西苑、造高宫，游幸无度的故事。大意是，炀帝建筑了西苑，周围有二百里。苑中有海，周围也十多里。苑中还建造了传说中海上的三座仙山：方丈、蓬莱、瀛洲，山高百余尺，楼台、道观、宫殿在仙山上层叠起伏。海的北面有条渠，迂回曲折把水注入海内；沿渠建造十六座院，院门全都临渠；每院由一位四品夫人主持，华丽无比，无所不用其极。当宫中树叶凋残落地时，就剪五彩绢帛做成花朵、绿叶，点缀在树枝上；池沼内也用彩绸剪成荷花、荷叶等；每当彩绢褪色，就换上新的。十六座院争相以美味佳肴求得皇帝的恩宠。炀帝喜欢在月夜率领数千名宫女骑马畅游西苑，让人作《清夜游曲》，在马上演奏。

隋炀帝和唐太宗相比，在多个方面展现了高度的相似：两者均是通过政变夺取皇位，均远征高句丽，劳民伤财，铩羽而归。但两者又有本质上的区别：隋炀帝狂妄自大，好大喜功，听不得别人进谏；唐太宗虚怀若谷，大度容人，重用以魏征为首的诤臣。正是这种个人品质上的差异，才使两位皇帝在遇事的选择上南辕北辙，最终导致两人有截然相反的历史评价。

或许正是唐太宗的登基之路与隋炀帝如此相似，才让唐太宗内心时刻警惕，每当关键时候都会在内心想想隋炀帝的所作所为，然后与其反向而行，终成一代明君。

狂悖十五

游幸江都

原文

隋史纪：炀帝幸江都，龙舟四重：上重有正殿、内殿、朝堂；中二重有百二十房，皆饰以金玉；下重内侍处之。皇后乘翔螭，舟差小。别有浮景九艘，三重，皆水殿也。余数千艘，后宫、诸王、公主、百官以下乘之。共用挽士八万余人，皆以锦彩为袍。卫兵所乘，又数千艘。舳舻相接，二百余里。骑兵夹两岸而行。所过州县，五百里内，皆令献食，一州至百舆，极水陆珍奇。后宫厌饫，多弃埋之。

张解

隋史上记：炀帝从水路巡幸扬州江都地方，所乘的龙舟极其高大。一舟四层：上层有正殿、内殿、朝堂，中两层有一百二十间房，这三层都用金玉装饰。第四层是内侍所居。皇后乘的叫做翔螭舟，制度略小些，也一样华丽。别有九只船，叫做浮景，一船三层。这九只船都是水殿，以象离宫别馆。其余船数千只，是后宫、诸王、公主、百官以下乘的。共用扯船的夫八万余人，皆以彩帛为衣。还有护卫军士坐的船，又数千只。这许多船在江中，头尾相接，二百余里远。又有马军摆列着在两岸上，夹舟而行。所过州县，五百里内，都要供献饮食。多者，一州就有百车；穷极水陆珍奇品味。后宫厌饫，用不尽的，无处安顿，多弃埋之。

夫炀帝这只为适一己之快乐，不顾百姓之困穷。为巡幸之费，一至于此。岂知民愁盗起，祸生肘腋。江都之驾未回，而长安洛阳已为他人所据矣。岂非千古之鉴戒哉。

释评

本文为《帝鉴图说》下篇第二十七节，出自《资治通鉴》卷一百八十隋纪四。记述隋炀帝游幸江都、劳民伤财的故事。大意是，炀帝游幸江都。他乘的龙舟高达四层：最上面的一层有正殿、内殿、朝堂；中间两层共有一百二十个房间，全都用金玉装饰；底层则居住着他的内侍。皇后乘坐的船叫翔螭，比他乘坐的龙舟略小。另外还有九艘船叫作浮景，每艘有三层，全是水中的宫殿。其他的船有数千艘，分别乘坐着后宫、诸王、公主、百官。划船、掌舵、拉纤的共有八万余人，全都穿着漂亮锦彩制成的袍。卫兵们乘坐的船，又有数千艘。首尾相连，蜿蜒河中二百余里。河的两岸各有一队骑兵护行。所经过的州县，离河岸五百里内，全都前来献食，一州所献食物多达百辆车。食品极尽水陆珍肴奇品，后宫饱食生厌，大多抛弃埋掉。

遥想隋炀帝继位时，国库充盈、百姓安康，他自有一番雄心壮志。然其继位之后，急功近利，好大喜功，于各地大兴土木，征召各种劳役以百万计。但凡有人劝谏，或杖杀于堂，或剖面斩首，忠臣良将见诛，唯余阿谀奉承之辈。当百姓苦不堪言、贵族朝不保夕，所有人都没有好日子过时，皇帝会有什么样的结果呢？可想而知。

第七章 纵欲

纵欲一

遣使求仙

原文

秦史纪：始皇帝东巡海上，遣方士齐人徐市等，入海求蓬莱、方丈、瀛洲三神山，及仙人不死之药。市等诳始皇，言未能至，望见之焉。请得斋戒，与童男女，及百工之事求之，即得之矣。始皇从其言，使童男女三千人，与百工之事偕往。徐市止，王，不来。

张解

秦史上记：始皇帝好神仙，说海中有三座山，一名蓬莱，一名方丈，一名瀛洲，这三座山，都是神仙所居。始皇东巡至海上，遣方士齐人徐市等，入海访求此三山，及仙人长生不死之药。这神仙之说，本是妄诞，徐市因始皇好之，遂哄他说，海中实有三神山，臣等虽不曾到，常在海上望见之焉。请得斋戒，与童男童女，及百工技艺之人，入海求之，则三山可到，不死之药可得也。始皇不知其诈，遂发童男童女三千人，及百工技艺之事，使徐市等泛海求之。徐市得了这许多人，走在海外寻个地方，就在那里作了王，不回来，而仙药终不可得也。

尝观秦始皇既平六国，平生志欲，无不遂者，所不可必得者寿耳。于是，信方士之言，觅不死之药，竟为徐市等所诳，何其愚哉！至汉武帝，亦遣方士入海，求蓬莱、安期生之属，终不可得，迨其末年，始悔为方士所欺。乃曰：天下岂有仙人！尽妖妄耳！吁，亦晚矣！宜史臣表而出之，以戒后世人主之惑于方士者。

释评

本文为《帝鉴图说》下篇第七节，出自《史记·秦始皇本纪》，并见于《史记· 淮南王传》，记述秦始皇听信方士徐市的诳骗，求不死之药的故事。大意是，秦始皇向东巡游到海上，派遣方士徐市等人，入海寻求传说中的蓬莱、方丈、瀛洲三座神山，以及神山上的仙人所用长生不死之药。徐市等人诳骗始皇，说他们虽然未能到达三神山，却曾经望见过海上这三座神山。他们还说，只要请得供奉神仙用的各种珍贵的供品、礼物和童男童女，以及各种有技艺的工匠一同前去，就会求得。始皇听从了他们的谎言，派童男童女三千人，还有具备各种技艺的工匠，随同徐市前去。徐市留在那里，自称为王，不再回来。

秦始皇除权臣、平六国，生平所思所想，没有不能达到的，只是长生不老这种愿望不能满足。对登上皇帝宝座的他来说，最重要的就是长生不老，永远统治着大秦帝国。由于他有这种违背自然规律的欲望，便有徐市这样的人抓住其弱点，大胆地向他行骗。

人的欲望，就是弱点，常会被他人所利用。在欲望的驱使下，人们常做出许多悖理的行为，古今同理。因此，人应该克制欲望，保持清醒的头脑。如此，才会使行为合理，不失常态，便不会受骗。

羊车游宴

原文

晋史纪：武帝既平吴，颇事游宴，怠于政事。掖庭殆将万人，常乘羊车，恣其所之。至便宴寝，宫人竞以竹叶插户、盐汁洒地，以引帝车。而后父杨骏始用事，交通请谒，势倾内外。朝政大坏，至其子惠帝。遂有五胡乱华之祸。

张解

晋史上记：武帝自平吴之后，以为天下一统、四海无虞，遂骄纵放逸，好游幸宴乐，不理政事。后宫妇女，多至万人。欲有所幸，不能自决所往，因以羊驾车，任它行去。羊所住处，就在那里住下，宴乐寝宿。于是宫人望幸者多，都把竹叶插在门上，盐水洒在地下，引得那羊来食之，以驻帝车而宴寝焉。因武帝这等荒淫无度，不理国事。于是，皇后之父杨骏得以专权擅政，交通请托，威福权势，倾动内外，朝政日以坏乱。至其子惠帝又不肖。夷狄交侵，五胡乱华，而中朝之祸，自此始矣。

向使武帝平吴之后，兢兢业业，常如前日，则帝亦明达之主也。骏安得而用事？天下何从而启乱哉？

释评

本文为《帝鉴图说》下篇第十九节，出自《晋书·后妃上胡贵嫔传》，记述晋武帝平吴后，贪图享乐、淫逸无度，朝政大坏；到惠帝时，“五胡乱华”，中原涂炭的故事。大意是，武帝平定东吴后，大肆游乐饮宴，政事荒废，后宫中大概聚集了万名嫔妃。他常乘坐羊拉的小车，随其所到之处，便住下宴乐。宫中嫔妃争相把竹叶插在门上，把盐汁洒到地下，用各种方式引来武帝乘坐的羊车。皇后的父亲杨骏，独揽大权，用各种方式结交死党，在朝廷内外独断专行，朝廷政事大坏。到了武帝的儿子晋惠帝时，遂有“五胡乱华”之祸。

在中国古代，常有“与士大夫共治天下”的说法，曹魏如此，大宋如此，大明亦如此。然与世家大夫共治天下尚可，世家大夫独占天下却万万不可，盖因世家大夫心中只有家，没有国，所思所想，均为吞并他人、壮大己身、家族长存即可，哪管他人水深火热?

晋武帝祖上本为士族，一朝登上天子之位，却改不了深植血脉的世家大夫属性，天生就和普通平民百姓割裂，哪里会有以民为本的想法！汉朝以来，天下本是皇族（勋贵）、世家、百姓三极，构架相对稳固，相互制衡。而晋武帝践祚，天下只剩两极，遂以百姓之骨血，续世家之荣光。石崇王恺斗富被引为谈资，空谈玄学蔚然成风，平常人永无出头之日，普通人被碾碎成泥还要护世家之花，这样悲惨的时代，源头均来自一朝翻身做主的世家大夫们。

晋武帝不思身份转变，以致朝政崩坏，“五胡乱华”，遗毒数百年，可悲可叹。

纵欲三

敛财侈费

原文

唐史纪：玄宗在位久，用度日侈，常赋不足以供。于是江淮租庸使韦坚，户部郎中王铁，竞为聚敛以悦上意。韦坚引浐水为潭，以聚江淮运船，上幸望春楼观之。坚以新船数百艘，载四方珍货。陕城尉崔成甫，着锦半臂、绿衫、红袙首，居前船，唱《得宝歌》；使美妇百人，盛饰而和之，上喜，为之置宴，竟日而罢。铁于岁贡额外，进钱帛百亿万，另贮于内库，以供宫中赏赐。上以国用丰衍，故视金帛如粪壤，赏赐无极，海内骚然。

张解

唐史记：玄宗初年，惜财俭用，及在位日久，荒淫无度，费用日侈。年例钱粮不够使用。于是，江淮租庸使韦坚，户部郎中王铁，窥见朝廷上用财紧急，争去科敛民财，取悦于上。一日各处转运船只，都到了京城，韦坚要显他的才干，遂引浐水为潭，把江淮一带的运船都会集潭内，请玄宗御望春楼观看，又把新船数百只，装载着四方的珍宝货物；叫陕城县的一个县尉，名崔成甫，身穿着锦半臂，绿衫，头上裹着红袙，在前面船上唱《得宝歌》，使美妇女百十人，浓妆盛饰，齐声唱而和之。玄宗见了大喜。就在望春楼上，摆设筵宴，尽日而罢。王铁又于年例之外，进献钱帛到百亿万。另收在内库里，专供应宫中赏赐。玄宗不知韦坚、王铁原是剥削百姓的骨髓，以供上用，只说天下钱财，这等丰富，用之不尽，把金帛看得如粪土一般，赏赐无有纪极。自是民不聊生，而海内骚然变乱矣。

夫天地生财，只有此数。在官者多，则在民者寡矣。自古奸臣要迎合上意，往往倡为生财之说，其实只是设法巧取民财，横征暴敛。由是杼柚空虚，闾阎萧索，以至民穷盗起，瓦解土崩。虽有善者，亦无如之何矣。

玄宗初年，焚锦销金，崇尚俭德，开元之治，庶几三代。及在位日久，侈念一生，奸邪承之；聚财纵欲，遂成安史之乱。率此观之，治乱兴亡之判，只在一念奢俭之间而已。可不戒哉！可不畏哉！

释评

本文为《帝鉴图说》下篇第三十一节，出自《旧唐书·韦坚传》《旧唐书·王鉷传》，并见于《资治通鉴》卷二百一十五唐纪三十一。记述唐玄宗奢侈浪费的故事。大意是，唐玄宗在位日久，一天比一天奢侈。正常的贡赋不够开支，于是江淮租庸使韦坚、户部郎中王鉷便搜刮聚敛民财以取悦玄宗。韦坚引来浐水修筑了水潭，以便聚集江淮等地的运船，玄宗登上望春楼观看。韦坚用新船数百艘运载着四方的珍宝财货，陕城尉崔成甫穿着锦衣，露出一只臂膀，绿衫，额头上扎着红色帛带，站在船头唱《得宝歌》，有百名漂亮的女子，盛装美饰和着他的歌声。玄宗非常高兴，为此大宴群臣直到天很晚了才结束。王鉷在每年贡赋常额之外，进献钱帛百亿万，另外贮藏在内库，以供应玄宗在宫中赏赐。玄宗以为国家财力丰富，用度丰裕，所以视金帛如粪土，赏赐没有限量，引起国内动荡不安。

唐玄宗开创了盛世之后，逐渐沉溺于享乐之中。随着张九龄的下台、李林甫的上位，朝堂上的风气为之一变，那批锐意改革、稳定民生、直言进谏的大臣不再为唐玄宗所喜，善于迎奉上意、肆意敛财、贪权弄虚的大臣们登上政治舞台。这一切都是唐玄宗自己的选择，他自觉辛劳半生，大唐富庶强大之极，就开始放纵自己，滥赏无度，迷失在周围人的称颂之中，终致安史之乱。

纵欲四

便殿击球

原文

唐史纪：敬宗初即位，即游戏无度，幸内殿击球、奏乐。赏赐左右乐人，不可胜纪。又召募力士，昼夜不离侧。好自捕狐狸。视朝月不再三。大臣罕得进见。

张解

唐史上纪：敬宗初即帝位，那时他先帝梓宫还在殡，通不知哀思，只好游戏。没些樽节，常幸各内殿，与宦官刘克明等打球，又命乐工奏乐、鼓吹、喧闹，全无居丧之礼。赏赐那左右近侍及乐工，泛滥不可尽记。又把钱去雇募有力的人，跟随左右，日夜不离。好自家去捕捉狐狸，以为戏乐。每月视朝还没有三次，大臣不得进见，政事都荒废了。其后竟遭弑逆之祸。

看史上载敬宗所行，也有几件好事，本是个聪明之主，只为幼年不曾学问，被群小引诱，遂至于此。可悲也哉！

释评

本文为《帝鉴图说》下篇第三十二节，出自《资治通鉴》卷二百四十三唐纪五十九，记述唐敬宗初即位时，游戏无度，不理朝政的故事。大意是，唐敬宗初即位，就不顾一切地游戏玩乐，到内殿击球、奏乐。对哄他高兴的左右及乐人，赏赐无法计算。还召募一些大力士，昼夜都不离开身边。喜欢自己去捕狐狸。一个月内上朝理政不超过三次。朝中大臣很少能够见到他。

十六岁继位的少年唐敬宗，正处于青春叛逆期，无论是染工暴动还是骊山之游，面对朝廷重臣的劝谏，唐敬宗丝毫不当回事，常常大臣一进谏，唐敬宗就略微收敛，不久又故态复萌。

最终葬送唐敬宗的，正是少年人无穷的精力。唐敬宗沉迷于“打夜狐”这个游戏，宫中的禁军将士以及三宫的内人们本来忙完一天的本职工作后，都已身心俱疲，而唐敬宗李湛又要求他们晚上陪着打夜狐，使得宫中的禁军将士以及三宫的内人对唐敬宗颇有怨言。唐敬宗得知，对他们轻则辱骂，重则拳打脚踢，使得这些禁军将士以及宦官对唐敬宗愤恨不已。最终，在又一次游乐后的宴会之中，唐敬宗被疲惫的贴身宦官与禁军将领们乱刀杀死。

唐敬宗一心放纵自己的欲望，从不体恤身边的人，最终死在与自己宠辱与共的宦官和本应保护皇帝的禁军手上，实在是讽刺。

纵欲五

宠信伶人

原文

五代史纪：后唐庄宗，幼善音律，故伶人多有宠，常侍左右。庄宗或时自傅粉墨，与优人共戏于庭，以悦刘夫人。优人常名之曰：李天下。诸伶出入宫掖，侮弄缙绅。庄宗信其谗，疏忌宿将，诸将叛之。庄宗为乱兵所弑。侍臣敛庑下乐器，聚其尸而焚之。

张解

五代史上记：后唐庄宗自小时，就精通音律，因此教坊乐工多得宠幸，常随侍左右。那时宫中刘夫人有宠，庄宗有时自家涂抹粉墨扮乐工的模样，与众乐工共戏于庭前，以悦刘夫人，使她欢笑，其无耻如此。诸乐工每倚恃庄宗宠爱，通不知上下之分，只叫庄宗做“李天下”。因而出入宫禁，侮弄缙绅士大夫，无些忌惮。又谗谮诸有功大将。庄宗听信其言，渐渐疏忌诸将，所以群臣愤嫉于内，诸将怨惧于外，共奉李嗣源以叛。庄宗中流矢而殂。侍臣取廊下陈设的乐器，堆在庄宗尸上，举火焚之。庄宗平生好音乐、宠优伶，及其死也，与乐器俱焚，所谓君以此始，必以此终者也。

夫庄宗初年，艰难百战，以取天下，是何等英武。一旦天下已定，志满气骄，遂致身弑国亡，贻笑千古。兴亡之机，可畏也哉！

释评

本文为《帝鉴图说》下篇第三十三节，出自《资治通鉴》卷二百七十一后唐纪一，记述五代后唐庄宗与伶人共戏于庭，进而宠信他们，危及天下的故事。大意是，后唐庄宗从小喜爱音律，能够自己谱曲，因此伶人多受到他的宠信，经常侍其左右。庄宗有时自己也涂抹粉墨化装，和伶人一起在庭堂上共演杂戏，让刘夫人看了快活。优伶们常管他叫“李天下”。这些优伶出入皇宫禁地，侮辱戏弄缙绅。庄宗听信他们的谗言，疏远疑忌功臣老将。诸将领起兵反叛，庄宗被乱兵杀死，侍臣把大厅内陈设的乐器堆在他的尸体上，一起烧了。

后唐庄宗文武全才，二十三岁继晋王之位，当时天下九分，后梁已占有六七分了。后唐庄宗用十五年的时间南征北战，身先士卒，北拒匈奴，南灭后梁，统一了黄河流域。但庄宗成帝之后，猜忌从龙功臣，重用宦官，宠信伶人，任由后宫干政，最后与诸将离心离德。称帝仅仅四年，众叛亲离，被弑身亡。

忧劳可以使国家兴盛，安乐可以使自身灭亡，这是自然的道理。祸患常常是由一点一滴极小的错误积累而酿成的，纵使是聪明、有才能、英勇果敢的人，也会沉溺于某种爱好之中，受其迷惑而结果陷于困穷，难道只有乐工才使人沉溺其中吗？

纵欲六

应奉花石

原文

宋史纪：徽宗性好花石。朱冲密取浙中珍异以进。帝嘉之，岁岁增盛，舳舻相衔于淮、汴，号“花石纲”。又置应奉局于苏州，命冲子勔总其事，于是搜岩剔薮，幽隐不遗。凡士庶之家，一石一木，稍堪玩者，即领健卒入其家，用黄帕覆之，指为御物。及发行，必撤屋抉墙以出。斫山辇石，程督惨刻。虽在江湖不测之渊，百计取之，必得乃止。民预是役者，多破产或卖子女以供其需。

张解

宋史上记，徽宗性喜花石。苏州有人叫做朱冲，闻知朝廷要花石，就密求浙江地方奇异的花石进献。徽宗喜它，因此年年加添，所贡渐盛。淮、汴二河中，都是载运花石的船只，络绎不绝、首尾相接，叫做“花石纲”。又置个应奉局在苏州，命朱冲的儿子朱勔总领其事。朱勔既奉朝命，专以购求花石为事。岩穴薮泽之中，通去搜索一遍，虽幽深隐僻去处，也无不到。凡士庶人家里，有一块石，有一棵树，稍稍可玩的，朱勔就领健卒数十人，直入其家，用黄帕子遮盖了，就指说此是朝廷御用之物，着他看守。及发行时，必撤开房屋，抉破墙壁以出。如山上有奇石，就令人凿山以取之，用车搬运。催督工程，极其惨刻。虽生于江湖不测之渊，他也千方百计以取之，务要得了才止。百姓们为这差使重累，多破荡家产，又有鬻卖子女以供其费者。

夫花石之玩，何益于事，而徽宗乃好之不已。至于上耗国用，下竭民力，曾不知恤，遂使邦本动摇，强虏内犯，身死沙漠，家族播迁，岂不愚哉！

释评

本文为《帝鉴图说》下篇第三十五节，出自《宋史·朱勔传》，并见于宋赵彦卫《云麓漫钞》卷七，记述宋徽宗大造“万岁山”，派朱勔置应奉局，承办“花石纲”，耗资巨大，民怨沸腾的故事。大意是，宋徽宗喜欢奇花怪石，朱冲得知后，秘密地把两浙省中奇异花石进献给他。宋徽宗称赞后，进献的花石一年比一年多。运送花石的船队，在淮河、汴河之间，首尾相接络绎不绝，号称“花石纲”。朝廷又在苏州设置了应奉局，让朱冲的儿子朱勔总领其事。他把岩穴之间、湖泽之下，全都搜捡遍，连最隐蔽的地方也没遗漏。凡是士人百姓家中，有一块石、一棵树，稍微能够玩赏的，即有官员率领健壮兵卒冲入家门，用黄帕盖上，指为御用之物。待发运时，定要拆屋毁墙，把它搬去。他们掘山运石，督促工程极其残酷苛刻。纵然是在深不可测的江湖底下，也要千方百计地取来，定要得到才肯罢休。如果百姓摊上这种苦役，大多破产或卖儿卖女，以供其需。

宋徽宗赵佶在政治上极端腐败，生活骄奢淫逸，对怪石有特殊的爱好。1113年，宋徽宗自称得到太上老君托梦，成为狂热的道教信奉者。道教崇尚山石，宋徽宗更是相信怪石中有蟠龙神力，身处怪石环绕之中，可以帮助自己得道升天。宋徽宗在全国搜罗怪石长达二十年，给东南人民造成极大的灾难，这成为激起方腊起义的原因之一。

第八章 短视

短视一

戏举烽火

原文

周史纪：幽王嬖爱褒姒，褒姒不好笑，王说之万方，故不笑。王与诸侯约，有寇至，举烽火为信，则举兵来援。王欲褒姒笑，乃无故举火，诸侯悉至，至而无寇，褒姒大笑。后犬戎伐王，王举火征兵，兵莫至。戎遂杀王于骊山下，掳褒姒。

张解

周史上记：幽王宠爱美女褒姒，褒姒性不好笑。王只要得她一笑，设了万般的方法，引褒姒笑，褒姒故意只是不笑。先是，王与诸侯相约，若有贼寇兵至，就烟墩上举起烽火为信，则列国举兵来救援。至是，王念无可动褒姒笑者，遂无故举烽火。诸侯望见，只说有贼兵到城下，却不见有贼兵。褒姒见哄得众诸侯空来这一遭，乃不觉大笑。然诸侯由此不信幽王。

后犬戎调兵伐王，王复举火召兵。诸侯见前次哄了他，这遭一个也不来。王遂被犬戎杀害于骊山之下，连褒姒也掳去了。

夫女色可远不可近，近则为其所迷，而举动不知谨，患害不知虑。幽王只为要褒姒欢喜，至无故征天下之兵，以供其一笑，卒致身弑国亡，其昏暗甚矣。谥之曰：幽，不亦宜乎。

释评

本文为《帝鉴图说》下篇第六节，出自《国语·晋语一》，并见于《史记·周本纪》，记述周幽王为博得宠妃褒姒一笑，而以烽火戏诸侯，导致国破身亡的故事。大意是，周幽王宠爱褒姒，褒姒不爱笑，幽王就想尽各种办法来逗她笑，褒姒还是故意不笑。本来周王与诸侯约定，一旦有敌寇入侵，便点燃烽火作为信号，大家就立刻带兵前来援救。幽王为了博得褒姒一笑，便无缘无故地点燃烽火，诸侯全都带兵前来救援，来到之后才知道并无敌寇。褒姒看到，大笑不止。后来，犬戎攻打幽王，他再举烽火却没有救兵前来。犬戎在骊山脚下杀死了幽王，把褒姒也掳走了。

周幽王继位之后，贪婪腐败，不问政事，任用虢石父为卿士，执掌政事。虢石父为人奸佞乖巧，善于奉承，贪图财利，但周幽王却很重用他，因此引起国人强烈不满。

周幽王三年，周幽王废嫡立庶，废黜王后申后和太子姬宜臼，而立宠妃褒姒为王后，立褒姒所生之子姬伯服为太子，并加害太子姬宜臼，致使申后的父亲申侯大为愤怒。周幽王十一年，申侯联合缯国、西夷犬戎攻打周幽王，于是在骊山下杀死周幽王，西周灭亡。

凡是身覆灭国的国君，大多将百姓和贵族全部得罪，以至于人人都期望他死亡，又岂是因为宠爱一个女人呢？愚蠢至极矣！

短视二

五侯擅权

原文

汉史纪：成帝初立，以元舅阳平侯王凤为大司马大将军辅政。诸舅谭、商、立、根、逢时同日封侯，世谓之五侯。是日，黄雾四塞。商、根又相继秉政。王氏一门，乘朱轮华毂者二十五人。分处势要，朝士皆出其门，赂遗四面而至。五侯争为奢侈，大治第室，至为赤墀青琐，起土山渐台，像白虎殿。穿城引澧水注第中。群臣及吏民多上书，言王氏威权太盛。上皆不听。于是，王氏益横。其后，新都侯王莽遂篡汉自立。

张解

西汉史上记：成帝初即位，待太后家王氏过厚，用长舅阳平侯王凤作大司马大将军，专执朝政，诸舅王谭、王商、王立、王根、王逢时，五人同日都封为列侯。当时人号他做五侯。受封之日，黄雾四塞。天戒甚明如此，而成帝不悟。后来王商、王根，又继王凤秉政。王氏一门贵盛，乘朱轮、华毂之车者，多至二十五人，都分占势要之官。朝中仕宦，个个是他门下私人。馈送财宝者，四面而至。五侯争以奢侈相尚，大起第宅，穷极壮丽，至用赤土为墀，门户上刻成连琐，而以青色涂之，僭拟朝廷宫殿的制度。园中起土山渐台，恰似白虎殿一般，又径自凿开长安城墙，引城外的澧水到他宅里为池。其奢僭如此。那时群臣及官民人等，多上书说王氏权威太盛，恐不可制。成帝只为溺爱母家，都不听其说。因此，王氏越发横恣，无所忌惮。其后平帝以幼年继立，新都侯王莽专政，权威尽归其手，遂毒杀平帝，篡汉自立。

夫人君之于外戚，固当推恩，但不当假以权柄。不幸而有罪，亦宜以法裁之。汉文帝知后弟窦广国之贤而不肯用，诛其舅薄昭之罪而不少贷，后世称明焉。成帝不思祖宗贻谋之意，乃使诸舅更执国政。子弟分处要官，至于骄纵不法，一切置而不问，养成篡弑之祸。岂非千古之鉴戒哉！人主欲保全外家，惟厚其恩赉，而毋使之干预朝政，则富贵可以长守矣。

释评

本文为《帝鉴图说》下篇第十一节，出自《汉书·元后传》，并见于《资治通鉴》卷三十汉纪二十二，记述成帝纵容母舅擅权，终于导致王莽篡汉的故事。大意是，成帝初即位时，任用他的舅舅阳平侯王凤为大司马大将军辅佐政事。后来又同日封王谭、王商、王立、王根、王逢时为侯，时人把他们称为“五侯”。在封五侯的那天，天气突变，到处充满了黄雾。以后，王商、王根又相继执掌朝中大权。王家一族中，坐着有红漆车轮、彩绘车毂的车的高官共有二十五人，分别把持着权势大而重要的岗位，朝中的重要官员几乎全都出自他们的门下，那些贿赂送礼的人，从四面八方赶到王家。五侯争相比奢侈，大肆修建宅第居室，甚至也像皇宫那样，把台阶涂成朱红色，把门上的连环花纹涂成青色，还模仿汉武帝筑起土山渐台，像皇帝的白虎殿一般。打穿城墙，把澧水引入他们自家的宅第。群臣及吏民多次上书，说王家的威势权位太过分了，但成帝完全不听。就这样，王氏一家更加骄纵、蛮横。后来，新都侯王莽篡夺了汉朝的江山，自立为皇帝。

至汉宣帝以降，外戚擅权已成传统。汉成帝继位后，想要夺取属于自己的权力，只能依靠母族外戚，一步步斗倒了祖父和父亲时代的外戚们。在这个过程中，王氏外戚集团一步步壮大自己，而汉成帝昏庸无能、沉湎女色、贪图享乐，并非有为之君，其母王政君对王氏子弟又鼎力支持和极力维护，最后导致王氏外戚尾大不掉，一日五侯。

汉成帝志大才疏，昏聩软弱，掌控朝政的能力不足，最终导致西汉衰亡。

短视三

市里微行

原文

汉史纪：成帝为微行。从期门郎，或私奴，或乘小车，或皆骑，出入市里郊野，远至旁县，斗鸡走马，常自称富平侯家人。富平侯者，侍中张放也。宠幸无比，故假称之。

张解

西汉史上记：成帝好微行。微行，是私自出外行走，不使人知其为天子也。他既是私行，所以不乘辇辂，也不要百官扈驾。只悄悄地着几个禁卫的期门郎，或常侍的仆役跟随着，或时坐一小车，或混同随从人，都一概骑马，出入街市坊里、荒郊野外，远至邻京县邑，斗鸡走马，以为戏乐。此时，侍中张放封富平侯，得宠于上，贵幸无比。成帝乃假充作张放的家人，以震服人心，泯其形迹。

夫以天子之尊，出入警跸，前后法从，有和鸾鸣佩之节，凡以别等威，备非常，肃臣下之观望也。成帝自轻其身，遨游市里，又妄自贬损，称为富平家人，其玷辱宗社甚矣。何以君天下而临万国哉！

释评 本文为《帝鉴图说》下篇第十二节，出自《汉书·外戚传孝成赵皇后》，并见于《资治通鉴》卷三十一汉纪二十三，记述汉成帝自甘堕落，微行市里以纵情玩乐的故事。大意是，成帝好微行，有时带着卫士，有时带着私奴，有时乘一辆小车，有时与众人一同骑马，出入市井和荒郊野外，甚至远到京师以外的邻县，进行斗鸡走马活动。还常自称是富平侯的家人，富平侯名叫张放，受到皇帝的无比宠信，所以成帝假称是他的家人。

汉成帝微行市里，不顾天子之尊，只为自己纵情玩乐，就不是国君该有的样子。他年轻时，还未即帝位，就已经被张放等人带坏了，登上帝位后，仍宠信这帮奸人，自甘堕落，其后果可想而知。

短视四

宠昵飞燕

原文

汉史纪：成帝微行。过阳阿（公）主家，见歌舞者赵飞燕而悦之召入宫，大幸。有女弟合德，姿性尤秾粹，亦召入。披香博士淖方成在帝后唾曰：此祸水也，灭火必矣。后姊弟俱立为婕妤。果僭告许皇后，咒诅主上。帝乃废许后，而立飞燕为后。

张解 西汉史上记：成帝微行时，一日到阳阿公主家。有个歌舞的女子，身体最轻，能为掌上舞，名叫赵飞燕。成帝见了，甚是喜悦，就召入宫中，大得宠幸。飞燕有个妹子，名叫合德，姿容性格更是秾艳粹美。亦复召入。时披香殿里有个博士，姓淖名方成，最有识见。跟随成帝之后，见了飞燕妹妹这等模样，知是不祥之兆。因以口唾之，说道：汉家以火德王天下。此女子入宫，必乱国家，乃祸水也。灭火必矣。其后，飞燕姊妹日见宠幸。不久，俱封为婕妤。果然在成帝面前谗谮许后，说他诅咒主上。成帝信其言，遂将许后废处昭台宫，而立飞燕为后，卒以败德乱政焉。

夫自古亡国非一，而女色居其大半，岂女子有色遂为害哉！良以有色无德故耳。盖妇德必贞静幽闲，端庄雅重，无邪媚轻佻之态者，然后可以配至尊，奉宗庙，而母仪天下。飞燕姊妹以倡优歌舞贱人，而帝宠之为后，其视桀宠妹喜，纣宠妲己，又有甚矣。汉祚之衰，实自此始。可叹也哉！

释评

本文为《帝鉴图说》下篇第十三节，出自《资治通鉴》卷三十一汉纪二十三，并见于《汉书·孝成赵皇后传》，记述汉成帝宠爱歌舞女子赵飞燕姊妹，导致败德乱政的故事。大意是，成帝隐瞒身份私自到宫外出游时，路过阳阿公主家，见歌舞女子赵飞燕，便喜欢上她了，召进宫中，宠爱无比。飞燕有个妹妹名叫合德，姿容性情更加美艳绝伦。成帝也把她召入宫中。披香殿博士淖方成在成帝身后暗中唾骂道：这两个女人是祸水，扑灭汉家火德的一定是这样的祸水啊！后来，成帝立她们俩为婕妤。她们诬告许皇后暗中诅咒皇帝。成帝便废许皇后，立赵飞燕为皇后。

史书上常常怪罪女人是祸水，但细观之，祸水所依附的男子，无一不是暴虐荒淫、昏庸无道的。汉成帝让王氏把控朝野，自己纵情享乐，凡上有所好，下必投其所好，就算没有赵氏姐妹，也会有张氏、李氏，因为决定这一切的不是女人，而是汉成帝。汉成帝自甘堕落，置祖宗江山不顾，又岂怪他人！

短视五

十侍乱政

原文

汉史纪：桓帝封宦者左悺、具瑗、徐璜、唐衡、单超为列侯。侯览上缣五千匹，封高乡侯，又封小黄门八人俱为乡侯。由是悺等，占据势要，专擅威权，交通四方贿赂。就中五侯尤为贪纵。倾动内外。天下为之语曰：左回天，具独坐，徐卧虎，唐两堕。”兄弟姻戚，宰州临郡，与盗贼无异。民不堪命，多为盗贼。其后中常侍曹节、王甫及赵忠、张让等十常侍，相继专政，浊乱海内，寻召董卓之乱。汉因此亡。

张解

东汉史上记：桓帝封中官左悺、具瑗、徐璜、唐衡、单超五人俱为列侯。时帝方卖爵，因侯览上缣五千匹，也封为高乡侯。又封小黄门八人俱为乡侯。由是悺等，占据势要，专擅威权，交通四方贿赂。就中五侯尤为贪婪、放纵，气焰熏灼。那时有个民谣，叫左悺做“左回天”，言其势力能转动人主的意向也；叫具瑗做“具独坐”，言其豪贵无人敢与相并也；叫徐璜做“徐卧虎”，言其如卧虎之可畏也；叫唐衡做“唐两堕”，言其任意妄为，东西无定也。左悺等的兄弟、亲戚，又多是无赖之人，个个都窃据官职，有做一州方伯的，有做一郡太守的，遍布天下，贪赃枉法，凌虐小民，就与盗贼一般。百姓们困苦无聊，往往逃亡，去为盗贼。其后有中常侍曹节、王甫及赵忠、张让等十个常侍，相继专擅朝政，起党锢之狱，弑贤臣窦武、陈蕃、李膺等百余人。任意纵横、浊乱海内，遂致黄巾贼起。未几，董卓举兵向内，劫迁天子。汉随以亡。

按天文志，宦者四星，在帝座之侧，中官给事左右，供奉内庭，盖王制所不可少者。但不宜授以兵权，使得专制朝廷耳。考之当时，中常侍吕疆清忠好直谏，最为善良，使桓帝左右皆小心端悫如吕疆之流，而外任贤臣李固、黄琼等以为股肱心膂，则汉至今犹存可也。奈何不顾祖制，宠之以五等之封，授之以威福之柄，遂使权倾人主，毒流海内。乱亡之祸，岂非自取之哉！

释评

本文为《帝鉴图说》下篇第十五节，出自《后汉书·单超传》和《后汉书·张让传》，记述东汉桓帝为五位宦官封侯，即“五侯”，接着又有十常侍作乱的故事。大意是，桓帝封宦者左悺、具瑗、徐璜、唐衡、单超为列侯。侯览献给皇上五千匹缣，也被封为高乡侯。还封八个侍奉皇上的小宦官为乡侯。从此，宦官左悺等人，占据势大位要的岗位，专横、擅权、逞威，以贿赂的手段，收买勾结上下四方之朝廷政要。其中被并称为五侯的宦官，特别贪婪、放纵，权力之大，摇动了朝廷内外。在当时传遍天下的一首歌谣中，“左回天”，是说左悺能改变皇帝的意向；“具独坐”，是说具瑗权势无人敢比；“徐卧虎”，是说徐璜是令人生畏的老虎；“唐两堕”，是说唐衡任意妄为。他们的兄弟姻亲，主宰州县，横行乡里，与盗贼没有两样。在他们的迫害之下，百姓无法活命，许多人沦为盗贼。后来中常侍曹节、王甫及赵忠、张让等十常侍，相继专权擅政，把国家搞得一团糟。不久，招致董卓之乱，汉朝因此灭亡。

东汉末年的宦官乱政、外戚专权、党锢之祸，其根源在于皇帝任人唯亲，导致大权旁落，政治丑闻迭起，整个政治集团争斗不止，国家无一日安宁。

短视六

西邸鬻爵

原文

汉史纪：汉灵帝开西邸卖官，入钱各有差：二千石，二千万；四百石，四百万。其以德次应选者半之。令长随县好丑、丰约有价。富者先入，贫者到官倍输。又私令左右卖公卿。公，千万；卿，五百万。于西园立库贮之，以为私藏。

张解

东汉史上记：灵帝于西园中开设邸舍，如市店一般，鬻卖官爵。官有大小，则纳钱有差等，秩二千石的，如今之知府等官，则纳钱二千万；秩四百石的，如今之县令等官，则纳钱四百万。就是本等以德行、次序，应该选除的，也要他纳钱一半，才许他作官。令长，即今之知县，随那地方的好歹，以为纳钱多寡，都有定价。富者，纳完了钱，才与他官作；贫者，赊于他，着他到地方后，加倍补纳。又私令左右之人卖公卿。公卿大官必是资望相应的，然非因近幸入钱，亦不肯便与。公，卖钱一千万；卿，卖钱五百万。将这卖官的钱，都收贮在西园库里，以为自家的私藏。

考之于史，灵帝初为侯时常苦贫，及即位，叹桓帝不能作家计，无私钱，故卖官聚钱如此。

夫朝廷官爵，以待贤才。书言：官不及私昵，爵罔及恶德。任意与人，犹且不可，况卖之以为私藏乎！且天子富有四海，安用私藏。即使市贩之辈，冒滥冠裳，贤才之人，高蹈畎亩。上坏朝廷名器之公，下遗百姓剥削之害，未及五年，大盗四起，宗庙社稷且不可保，西园私藏，果安在哉？ 此正《大学》所谓：一人贪戾，一国作乱者也。

释评

本文为《帝鉴图说》下篇第十六节，出自《资治通鉴》卷五十七汉纪四十九，并见于《后汉书·灵帝本纪》，记述汉灵帝卖官鬻爵的故事。大意是，汉灵帝在皇宫禁地西园设邸舍卖官，根据官职大小不同，标价也有差别：俸禄两千石的官职，标价二千万钱；官俸四百石的官职，标价四百万钱。规定根据德行、年资依次序应该提升的官员，也要减半交钱；州县长官，根据任职所在地的好坏，标出不同的价码出售。有钱买官的先交钱，凑不够钱买官的赴任后加倍交钱。他还私自下令左右出卖公、卿爵位。公，卖千万钱；卿，卖五百万钱。他把卖官得到的钱，在西园立库贮存起来，作为自己的私产藏在那里。

汉灵帝卖官鬻爵，退国为家之举，不只破坏行政系统，而且不再维持自光武帝以来的“秦制—礼教”政治，使国家朝堂的神圣性不再，士大夫没有托身的基础，无可避免地形成各自势力，官员们习惯把辟召的掾吏属官、举荐的孝廉和茂才当作私人关系。实际上，后汉末期才出现大范围的太守、刺史对中央的叛离，其重要原因就是天下秩序已经坍塌，家国体制的结构性崩溃。

短视七

列肆后宫

原文

汉史纪：灵帝作列肆于后宫，使诸采女贩卖。更相盗窃、争斗。帝着商贾服，从之饮宴为乐。

张解

东汉史上记：灵帝于后宫中，盖造铺店，积聚各样货物，使宫中众采女，都学外面市井上人，交易贩卖，又使之彼此偷盗、争斗、喧哗，故意做出那市井上的模样来。灵帝也穿着外面买卖人的亵衣，装作商贾。随着众宫人在酒肆中饮宴，以为欢乐。

夫灵帝之时，奸邪满朝，权纲不振，天怒人怨，灾变叠兴，乃不知恐怯修省，任贤图治，而游乐宫中，甘同商贾下贱人的勾当。兼且弄狗着冠，驾驴操辔，亵尊败度之事，无所不为。人心如何不离？盗贼如何不起？东汉之亡也，岂献帝之罪哉！

释评

本文为《帝鉴图说》下篇第十七节，出自《后汉书·灵帝本纪》，并见于《资治通鉴》卷五十八汉纪五十，记述灵帝在宫中设立商店扮作商贾嬉戏游乐的故事。大意是，灵帝在后宫摆起了各种店铺，让宫中采女贩卖各种货物，进而相互偷盗、争斗不止，灵帝还穿上商人的服装，穿梭于店铺之间，和那些人饮宴取乐。

在其位，谋其政。士农工商，各有其职，而对荒唐至极的汉灵帝来说，只要高兴，什么都可以干。汉灵帝继位后，公开标价卖官，大修宫室，任由宦官横行、田野凋敝、仓廪耗空。汉灵帝既缺少社会生活经验，更谈不上有治国方略，毫不体察国事民情，只在乎眼前的片刻欢愉，实在愚蠢至极。

短视八

金莲布地

原文

齐史纪：齐王宝卷，荒淫奢侈，后宫服御，极选珍奇。宠爱潘妃，尝凿金为莲花以帖地，令潘妃行其上曰：此步步生莲花也。嬖幸因缘为奸利，课一输十。百姓困穷，号泣道路。

张解

六朝齐史上记：齐主宝卷，荒淫奢侈，凡后宫的服饰器用，必选那极品珍贵奇异之物。宠爱一个女子潘妃，尝以黄金打成莲花，贴在地上，教潘妃在上面行走。齐主观而悦之，说道："这个是步步生莲花也。"自是，取用浩繁，而嬖爱宠幸之人，乘机以行奸网利。指一科十，由此百姓困穷，无所告诉，惟号泣道路而已。

其荒淫奢侈如此，在位二年，竟为嬖臣王珍国等所拭。萧衍因而篡齐。败亡之祸，岂非自取之哉。

释评

本文为《帝鉴图说》下篇第二十一节，出自《南史·齐本纪·废帝东昏侯》，并见于《资治通鉴》卷一百四十三齐纪九，记述齐王萧宝卷凿金为莲花令宠妃行其上的故事。大意是，齐王萧宝卷，荒淫奢侈，后宫的服饰、车马，都选了各种珍奇的宝货加以铺张装饰。他宠爱潘妃，曾经凿金成莲铺在地上，让潘妃在上面行走，还说：这叫作步步生莲花。宠信的人乘机行奸网利，百姓应交一分租赋实际却交了十分，百姓困顿穷极，号叫哭泣于道路。

齐主萧宝卷为人内向，不喜见人，只亲近自己的宠妃和左右宦官等少数人。喜欢出外游玩，但看见房屋挡道就给拆掉，看见生人就杀掉，暴虐至极。即位后赋敛繁苛，亲信宦官、左右，肆意杀戮前朝顾命大臣，以致人心离散，国势日衰。当时北魏南齐战事频繁，前线军饷匮乏，萧宝卷仍然在国内大肆收敛财富，大兴土木，生活奢侈荒淫。南齐众臣为求自保，只好前赴后继地造反，最后萧衍攻入都城，萧宝卷在战乱中被宦官杀死。

萧宝卷因为性格原因，本就不喜见人，又牢记父亲临终教诲“做事不可在人后”，所以被大臣劝谏得烦了就直接把大臣杀掉，以致身旁全是谄谀小人，根本听不到一点有用的意见，逐渐养成愚蠢短视的性格。萧衍的军队攻打到都城外时，萧宝卷竟穿上大红袍，登上景阳楼屋顶看热闹，流矢几乎射伤了他的腿脚。萧宝卷的宠臣茹法珍跪在地上请求他赏赐将士，他仍旧不肯，还说：“反贼难道就只捉我一个人吗？为什么偏偏向我要赏赐？”如此愚蠢短视之人，最后只能落得个众叛亲离、身首异处的下场。

短视九

舍身佛寺

原文

梁史纪：武帝幸同泰寺，设大会。释御服，持法衣行清净大舍。素床瓦器，乘小车，役私人，亲为四众讲《涅槃经》。群臣以钱一亿万奉赎，表请还宫。三请乃许。

张解

六朝梁史上记：武帝惑于佛教，尊信甚笃，亲自幸同泰寺，设为大会，聚集僧俗人众，脱去袍服，穿了僧衣，行清净大舍。施之法，修持斋素，出了家，把自己的身子舍在寺里。睡的是素床，用的是瓦器，坐的是小车，使唤的只是几个家人。屏去了天子的奉养，件件用度与那出家的一样。又亲升讲堂法座，为僧俗大众讲《涅槃经》。佛家说，人死去精神常存，但示寂灭而已，叫作涅槃，故有《涅槃经》。武帝信之，故亲讲与众人听。文武群臣，见武帝迷惑，舍身在寺里，无可奈何。乃共出钱十万，献在佛前，赎出武帝来，上表请帝还宫听政。武帝初时不肯，恳请三次，然后许之。

夫佛家弃父母、妻子，舍身出家，乃西夷之教，不可以治天下。梁武帝不思宗庙社稷之重，土地人民之托，妄自舍身佛寺，倾国以奉浮屠，不过惑于因果报应之说耳。后来侯景之乱，饿死台城，佛安救哉！

释评 本文为《帝鉴图说》下篇第二十二节，出自《梁书》本纪三，并见于《资治通鉴》卷一百五十三梁纪九十四，记述梁武帝崇佛，舍身佛寺，群臣以亿万钱赎回的故事。大意是，梁武帝到同泰寺，举行佛教大法会，脱去帝王的装束，穿上僧衣，并且把自己的帝王之身施舍给寺庙。睡的是硬板床，用的是瓦器，乘坐小车，使唤的是私家人，亲自为居士、僧等讲解《涅槃经》。群臣用一亿万钱把他从寺庙中赎回，上表请他还朝主持国政。如此三次请他，他才答应回宫。

梁武帝执政后期，为了更好地维护其统治，几次主动舍身佛寺，既表示自己对信佛的极端虔诚，利用宗教愚弄下层百姓，巩固自身统治；又检验功勋贵族、群臣百官对自己的忠诚程度，进一步树立和加强自己的权威；还通过群臣用数亿万钱赎他这个“皇帝菩萨”回宫，借机把国库的支出转嫁到老百姓头上，变相榨取老百姓的血汗，自掘根本。

短视十

华林纵逸

原文 齐史纪：齐主纬，好自弹琵琶为“无愁之曲”，民间谓之无愁天子。于华林园立贫儿村，自衣蓝缕之衣，行乞其间以为乐。

张解

六朝齐史上记：齐后主纬，好自弹尾琶唱曲，所唱的曲子音调哀惨，闻者悲伤，反名“无愁之曲”。说他做天子，长享快乐，更无忧愁也。民间相传其事，遂号他为“无愁天子”。尝于华林园内立“贫儿村”，自家穿着蓝缕衣服，妆做乞人的模样，行乞饮食以为戏乐。荒纵至此，焉得不亡，后为周宇文邕所灭。

释评

本文为《帝鉴图说》下篇第二十四节，出自《资治通鉴》卷一百七十二，并见《北齐书·幼主高纬》，记述高纬放纵行乐不理国政的故事。大意是，齐后主高纬，喜欢自弹琵琶曲，名为“无愁之曲”，民间管他叫作“无愁天子”。他曾在华林园立“贫儿村”，自己穿上破烂衣裳，在园内行乞为乐。

高纬被称“无愁天子”，可能他爹高湛当太上皇那几年，像他这样的天子真没什么忧愁吧。高湛一死，高纬本性一一暴露，其荒淫残暴，嗜好狩猎，大修宫殿，穷极富丽。

高纬放肆地纵情于声色之好，华林纵逸一幕，便知其绝非有为之君，并且其性格内向，不喜见大臣，惰于朝政，迷信巫术，终日与宠妃一起奢靡享乐，纵情声色。高纬为君极其愚蠢短视，下令诛杀对抗北周的名将斛律光、高长恭等人。国亡家破之时，他才想起来不能做亡国之君，匆匆将皇位传给八岁的儿子；被抓到后周，第一时间想的是向北周皇帝宇文邕讨要宠妃……如此愚蠢短视之人，合该身死国灭。

短视十一

斜封除官

原文

唐史纪：中宗委政宫闱，安乐、长宁公主及韦后妹郕国夫人，上官婕妤、尚容柴氏、巫第五英儿，皆依势用事。卖官鬻爵，虽屠沽臧获，用钱三十万，则别降墨敕除官，斜封付中书。时人谓之斜封官。上官婕妤等皆有外第，出入无节。朝士咸出其门，交通贿赂，以求进达。

张解

唐史上记：中宗在位，沉溺酒色，不恤国事，把朝廷政务都只委托于皇后韦氏，因此政出多门，朝纲坏乱。

韦后的女儿安乐公主、长宁公主，与其妹郕国夫人，及宫人上官婕妤、尚容柴氏、女巫第五英儿，这几个女宠都在内用事，将国家的官爵擅自出卖。不拘什么出身，就是那屠户、卖酒及一应下贱的人，但纳得三十万铜钱，里面就降一道敕书，除授他官，斜封着付中书省发行。也不用文凭，也不由吏部。以此当时把这用贿买官的人，都叫做斜封官。官爵至此，冒滥极矣。又上官婕妤等数人，外面都置买下私宅，有时出到私家来，有时进入宫里去，出入任意，没人敢禁止她。一时朝士，都出其门，交通贿赂，以求援引进达。风俗至此败坏极矣。

按史，中宗遭武氏之乱，久罹幽辱，备尝艰辛，一旦复位，正宜总揽干纲，励精图治可也。乃又溺爱衽席，至使威福之柄，尽出宫门；爵赏之典，下逮仆隶。所谓前车既覆，而后车不以为戒者也。未儿，中宗遂为韦后所毒，唐祚几于再倾。呜呼！可鉴也哉！

释评

本文为《帝鉴图说》下篇第二十八节，出自《资治通鉴》卷二百零九唐纪二十五，并见于《新唐书·选举志下》，记述中宗沉溺酒色，将朝政委托于韦后，韦后及其诸女卖官鬻爵的故事。大意是，中宗把朝廷大政交给宫中的女人们处理，她们是安乐公主、长宁公主，及韦皇后的妹妹郕国夫人、上官婕妤、尚容柴氏、女巫第五英儿。她们全都倚仗权势，任意行事，把国家的官爵标价出卖，只要交上三十万铜钱，纵然是屠夫、酒贩和奴婢等，都可以得到由皇帝亲自签署的升官令，斜封交付中书省。如此得官，时人管叫“斜封官”。上官婕妤等人都在朝廷之外置有外宅，随便出入宫廷。朝中大臣全都出自她们的门下，这些人相互勾结、贿赂，求得升官发财的机会。

唐中宗的懦弱，在史书里也是出了名的。唐中宗被武则天废除皇帝位，在被圈禁放逐期间，不仅不觉得难受，反而在均州享乐，只是担心自己的母亲要来收回自己的快乐，这样的人，哪有一点人主之相！

等到唐中宗复位，贬斥贤臣，沉溺酒色，将朝政一应全部委托于宫中的女人们处理。武则天“珠玉在前”，韦后及其诸女野心膨胀，都欲做第二个“则天皇帝”。最后，唐中宗被韦后和女儿毒死，岂不是咎由自取吗？

短视十二

观灯市里

原文

唐史纪：中宗春正月，与韦后微行观灯于市里。

张解

唐史上记：中宗末年，委政宫闱，任情为乐。尝于正月元宵夜，与韦皇后私出宫禁，观灯于街市里之间。

夫人君以万乘之尊，居九重之上，当勤政事，戒逸乐。况中宗遭忧患之后，乃不知戒慎，恣情极意，以天子之贵，观灯市里，混杂于庶民之贱，又且与皇后同行，尤为不可。一则失居尊之体，二则昧防变之智，三则坏宫闱之法，四则倡淫荡之风。一举动之间，犯此四大戒，岂非万世永鉴也。

释评

本文为《帝鉴图说》下篇第二十九节，出自《旧唐书》本纪七，并见于《旧唐书·韦庶人传》，记述中宗与韦后隐去身份，混迹于平民百姓之中在元宵节观灯的故事。

唐中宗性格柔弱，一生都笼罩在母亲的阴影中，只有韦后不离不弃，与他患难与共。唐中宗被武则天废为庐陵王，韦后随之出长安。每当唐中宗欲自杀，韦后总是宽解他，于是唐中宗向韦后许诺，若能重见天日，绝不相负。

中宗复位后，马上立韦氏为皇后，又不顾大臣的劝阻，破格追封韦后之父为王，并让韦后参与朝政，对张柬之等功臣却不加信任。韦后十分信任儿女亲家武三思，并以此结成了一股强大的政治势力左右着朝政，中宗对此只是纵容。

唐中宗白龙鱼服，之前担惊受怕的日子白过了，根本没有从中学到任何东西，放纵自己到如此地步，最后被韦后所杀，徒增笑尔。

短视十三

宠幸番将

原文

唐史纪：玄宗以番将范阳节度使安禄山为御史大夫。禄山体肥，腹垂过膝。外若痴直，内实狡黠。上常指其腹曰："胡儿，腹中何所有？"对曰："更无余物，止有赤心耳。"上悦，容其出入禁中。上与杨贵妃同坐，禄山先拜妃。上问何故？曰："胡人先母而后父。"上益悦之。常宴勤政楼，百官列坐，特为禄山于御座东间，设金鸡障，置榻，使坐其前，仍令卷帘，以示荣宠。

张解

唐史上记：玄宗宠一个胡人，叫做安禄山，用他做范阳节度使，使掌着一镇的兵马。又加他以御史大夫之职。那安禄山身体肥大，腹垂过膝。看他外面的模样，恰似个痴蠢直遂的人，而其心却奸狡慧黠。玄宗尝拍着他的肚子问说："胡儿，你肚里有些什么？这等样大？"安禄山对说："臣腹中更无他物，止有一点报国的赤心耳。"玄宗听说，甚喜，又容他出入宫禁。一日玄宗与杨贵妃同坐，禄山拜见，先拜杨贵妃，后拜玄宗。这是禄山知道玄宗宠幸杨贵妃，故意趋奉，以悦其心。及至玄宗问他：

"何故如此？"他却对说："我虏人的风俗，先母后父，固如此耳。"玄宗不知其诈，越发喜他。又一日在勤政楼上筵宴群臣，百官都两边侍坐。玄宗令于御座东间，张一副金鸡彩障，设一个座榻，命安禄山特坐于群臣之上，还令卷起帘子，使人看见，以彰其荣宠。

按史，禄山曾犯死罪。宰相张九龄，谓其貌有反相，劝玄宗早除之。玄宗不惟不听，反加尊宠。其后禄山果反，致令乘舆播迁，中原版荡，唐之天下几于沦亡。玄宗始悔之，晚矣。语曰：非我族类，其心必异。岂不信哉！

释评　本文为《帝鉴图说》下篇第三十节，出自姚汝能《安禄山事迹》，并见于《资治通鉴》卷二百一十五唐纪三十一，记述唐玄宗宠信安禄山、养虎为患的故事。大意是，玄宗曾提拔胡人将领范阳节度使安禄山为御史大夫。禄山身体肥胖，大肚子垂下来超过膝盖。表面上一副痴呆的样子，内心却怀有阴险狡诈之心。玄宗指着他的大肚子问："胡儿，你的肚子里装着些什么？"禄山答道："没有别的东西，只有对皇上的赤诚忠心。"玄宗非常高兴，允许他随便出入宫中。一天，玄宗与杨贵妃并肩而坐，安禄山先向杨贵妃行拜见礼。玄宗问为什么要这么做？他说："我们胡人先拜见母亲，后拜见父亲。"玄宗听了更加喜欢。玄宗常常在勤政楼设宴，百官依次两旁列坐，却特地为安禄山在御座的东间，挂上金鸡障，摆上榻，让他坐在前面，还让人卷起挂帘，以在众人面前表示对安禄山的荣恩与宠信。

唐玄宗宠信安禄山，本意是为了江山稳固。李林甫对唐玄宗说："文人为将，怯当矢石，不如用寒族、番人，番人善战，有勇，寒族无党援。"唐玄宗深以为然，重用以安禄山、哥舒翰为首的番将，让西北、东北边军相互制约。

玄宗自以为得计，使得各派都能得到好处，又不至于一派独大，因为之前制衡朝内的文官外戚都是这样做的。李林甫不让边将入朝，唐玄宗偏要让边将入朝，还将兵权下移，让边将通过募兵制实现了职业化，与主帅关系固定化，这极为危险，但是唐玄宗并没有意识到，还自认为其平衡策略非常高妙。安禄山入朝后，窥得李林甫、杨国忠把持大权、党争不息，国朝纲纪荡然无存，才觉得天下可取，发动了安史之乱。

短视十四

上清道会

原文

宋史纪：徽宗幸上清宝箓宫，设千道会，且令士庶入听林灵素讲经。帝为设幄其侧。灵素据高座，使人于下再拜请问，然所言无殊绝者，时时杂以滑稽媟语，上下为大哄笑，无复君臣之礼。又令吏民诣宫，授神霄秘箓。道箓院上章，册帝为教主道君皇帝。

张解

宋史上记：徽宗崇尚道教，曾替道士林灵素盖一座宫，叫作上清宝箓宫。徽宗每临幸其地，便设大斋醮，但来的，既与斋饭，又与衬，施钱三百，叫作千道会。且令士民都入宫，听林灵素讲道经。徽宗设御幄于其旁，着灵素在正面坐着高座，使人于下再拜请问。灵素所讲的，却只寻常，无奇异处。时或杂以诙谐亵狎的言语，上下哄然大笑。无复君臣严肃之礼。又令官民人等，都到这宝箓宫里传授他神霄秘箓，盖假神其术，言受此箓，可获再生富贵也。道箓院官因上表章，册号徽宗作教主道君皇帝。

夫徽宗为亿兆之君师，乃弃正从邪，屈体于异流，猥杂于凡庶，甚至亲受道号，甘为矫诬。自昔人主溺于道教至此极矣。卒有北狩之祸，身死五国城，彼所谓三清天尊者，何不一救之欤？

释评　本文为《帝鉴图说》下篇第三十四节，出自《宋史·本纪·徽宗三》，并见于《方技传·林灵素》卷四百六十二，记述宋徽宗崇道术，做教主道君皇帝的故事。大意是，宋徽宗临幸上清宝箓宫，在那里设置千道会，并且令士人百姓都来听林灵素讲道经。徽宗在讲坛一侧设御幄旁听，而林灵素却高高在上坐正座，让人们在座下一再向他礼拜请问。可是他讲的道经没有任何新鲜内容，只是常常用滑稽轻佻的言语，引得上上下下哄堂大笑，不再有君臣庄严的礼仪。又令官吏民众到上清宝箓宫，请林灵素授以神霄秘箓。道箓院上章，册封宋徽宗为教主道君皇帝。

西周建国的时候，召公曾劝谏周武王，不要做无益的事情来损害有益的事情，不能把其他物品看得太重而轻视自己的常用物品。宋徽宗作为君主，逞欲不止，幻想成仙、长生不老，从而堕入其术，不能自拔，以致政事败坏，国破家亡，是古代崇信道术而误国的典型例子。

短视十五

任用六贼

原文

宋史纪：徽宗在位，承平日久，帑庾盈溢。蔡京为相，始倡为“丰亨豫大”之说，劝上以太平为娱。上尝大宴，出玉盏玉卮以示辅臣曰：“此器似太华。”京曰：“陛下当享天下之奉，区区玉器，何足计哉！”上曰：“先帝作一小台，言者甚众。”京曰：“事苟当理，人言不足畏也。”由是上心日侈，谏者俱不听。京又求羡财以助供费，广宫室以备游幸。兴延福宫、景龙江、艮岳等工役，海内骚然思乱，而京宠愈固，权震海内。是时梁师成、李彦、以聚敛幸，朱勔以花石幸，王黼、童贯，以开边幸。而京为之首。天下号为“六贼”。终致靖康之祸。

张解

宋史上记：徽宗时，承祖宗累世太平，仓库钱粮充盈满溢。那时奸臣蔡京为相，只要保位固宠，乃倡为丰亨豫大之说，劝徽宗趁此太平，欢娱作乐。一日徽宗大宴群臣，将所用的玉盏玉卮示辅臣说：“此器似太华美。”蔡京奏说：“陛下贵为天子，当享天下的供奉，区区玉器，何足计较。”徽宗又说：“先帝尝造一座小台，言官谏者甚众。”蔡京又奏说：“凡事只管自己该做的，便是人言何足畏乎？”徽宗因此志意日侈，不听人言。蔡京又另外设法搜求羡余钱粮，以助供应；广造宫室，以备徽宗游观，起延福宫，凿景龙江，筑艮岳假山，皆穷极壮丽，所费以亿万计。天下百姓，困苦无聊，纷纷思乱，而徽宗不知，恣意游乐，宠任蔡京之心愈固，于是京之威权震于海内矣。那时，又有梁师成、李彦，因聚敛货财得宠；朱勔，因访求花石得宠；王黼、童贯，因与金人夹攻辽人，开拓边境得宠；这些不好的事，都是蔡京引诱开端。所以，天下叫这六个人做“六贼”，而蔡京实六贼之首。因此，海内穷苦，百姓离心，到靖康年间，金人入寇，京师不守，徽宗父子举家被虏北去。实宠任六贼之所致也。

自古奸臣要蔽主擅权，必先导其君以逸豫游乐之事，使其心志蛊惑，聪明壅蔽，然后可以盗窃威福，遂己之私。观徽宗以玉器为华，是犹有戒奢畏谏之意，一闻蔡京之言，遂恣欲穷侈，酿祸基乱。嗟呼！此孔子所谓一言而丧邦者欤！大抵勉其君恭俭纳谏者，必忠臣也。言虽逆耳，而实利于行。导其君侈靡自是者，必奸臣也。言虽顺意，而其害无穷。人主能察于此，则太平可以长保矣。

释评

本文为《帝鉴图说》下篇第三十六节，出自《宋史·蔡京传》，并见于《宋史·陈东传》，记述北宋末年以蔡京为首的六贼，利用宋徽宗的宠信，误国殃民，终致靖康之乱的故事。大意是，宋徽宗在位时，天下太平的日子很久，国家府库积贮财物丰盛。蔡京为宰相，开始倡导“丰亨豫大”之说，劝皇上尽享太平之乐。一次在国宴上，徽宗指着玉制成的酒具说：“这酒器似乎太奢华了。”蔡京回答：“陛下身处天子之尊，应当享尽天下奉献的一切，区区玉制酒器，又算得了什么！”徽宗说：“先帝曾建造了一座小台，谏言劝阻的人很多。”蔡京又说：“事情如果在理，就是有人议论也不足以畏惧。”由此，徽宗一天比一天奢侈，有人劝谏也全都不听。蔡京又在正常租赋之外广求余财来供皇上挥霍，还扩建宫室，以备皇上游乐。又兴建延福宫，开凿景龙江，修造艮岳等，引发国内骚动，人心思乱，而蔡京受宠地位更加巩固，权势威震海内。此时，宦官梁师成和李彦由于能搜刮民财而受宠，朱勔由于能搜刮奇花异石而受宠，王黼、童贯由于假冒边功而受宠。以蔡京为首，当时天下人把他们叫作“六贼”。

自古奸臣擅权，必有一个偏听偏信或昏庸无能的皇帝。宋徽宗专心于自己喜爱的事物，疏远排斥正直人士，宠信亲近阿谀奉承的奸佞之徒，于是一群奸臣便抓住了他这一点，投其所好：他性好享乐，这些人就粉饰太平；他喜欢花石，这些人就立刻献上花石；他好大喜功，这些人就挑起边事，假冒战功。于是六贼被宠，最终导致了靖康年间北宋灭亡之祸。